子ども家庭支援の心理学

相良順子・小泉左江子 編
Junko Sagara & Saeko Koizumi

ナカニシヤ出版

はじめに

今日，日本では，少子高齢化がすすみ，女性の就業率の高まりで共働き家庭が増えています。社会は多様化しており，ひとり親家庭，外国人家庭の増加など子どもや家庭をめぐる状況は大きく変わっています。インターネットなど情報化が進む一方で，地域とのつながりが希薄になり子育てに悩む親も少なくありません。保育士には，子どもの支援だけでなく，保護者の支援，地域の子育て支援などの役割がより一層求められるようになりました。

このような中，2017 年（平成 29 年）3 月に保育所保育指針，幼稚園教育要領，認定こども園教育・保育要領の改訂が告示され，2018 年（平成 30 年）4 月から施行されました。そして，それに合わせて保育士養成課程の再検討が行われ，子どもやその家庭を支援する科目の内容も見直されました。

「子ども家庭支援の心理学」は，保育士養成課程の見直しによって新たに制定された科目で，2019 年度（平成 31 年度）から養成課程の必須科目になりました。従来の「保育の心理学Ⅰ」「家庭支援論」「子どもの保健Ⅰ」が「子ども家庭支援の心理学」となりました。「子ども家庭支援の心理学」では，「生涯発達」「家族・家庭の理解」「子育て家庭に関する現状と課題」「子どもの精神保健とその課題」が教科内容となっています。保育者として，人の生涯発達について理解した上で，家庭のもつ意味と現状，そしてさまざまな問題を抱える子どもや家庭の理解とその支援につながる力を身に付けることが狙いとなっています。

本書は，大きく 4 つの章から成り，これらの章は，保育士養成課程について国が通知している「教科科目の教授内容」と対応しています。まず，第 1 章では，乳幼児期から老年期までの生涯の発達について学びます。第 2 章では，子どもを囲む家族や家庭の意義と機能について解説し，続く第 3 章では，子育て家庭の現状とその課題について解説しています。第 4 章は，子どもの心身の健康と保健について，保育の現場で見られる特徴的な子どもの問題を中心にとりあげています。各章には，そのテーマに関連する事例やコラムを挙げ，教科書の内容が具体的な支援場面とどうつながるのか理解しやすくなるようにしました。また，各章の節の終わりの「考えてみよう」では，子どもや家庭支援と結びつくような課題を設けてあります。

保育者は，子どもだけでなく，その家庭の支援も視野にいれて保育をすることになります。目の前にはさまざまな個性をもった子どもがいて，その背景にはさまざまな課題を抱えた多様な家庭があります。本書を通じて，偏見をもつことなく一人一人の子どもとその家庭を理解し，支援につながる保育の実践者になっていただきたいと願っています。

本書を，保育者をめざしている方だけでなく，実際に保育の現場にいらっしゃる方々にも手にとっていただき，ご意見を頂戴できれば幸いです。

最後に，ナカニシヤ出版の山本あかねさんにはたいへんお世話になりました。心から感謝の意を表します。

2020 年 1 月

相良順子・小泉左江子

目　次

コラム

1 生涯発達

子どもは成長し次の世代の親になっていきます。人生 100 年といわれる時代に人はどういう発達のプロセスをたどるのでしょうか。この章では，乳児期から老年期までの発達を見ていきます。

1 乳幼児期から学童期前期の発達

ヒトは**生理的早産**により，未熟な状態で生まれます。そのため，ヒトは一人では生きていくことができず，家族や社会の中で周囲の人々に支えられながら「人間」として生きていくことになります。ここでは，乳幼児期から学童期前期にかけての子どもが，周囲の人々との関係の中でどのように発達していくのかを見ていきましょう。

1. 愛着の形成と発達

私たちは，不安や恐怖にさらされた時，誰かに助けてもらって安心したい，安全を確保したいと思います。それは**愛着欲求**であり，生まれながらに備わっています。人は未熟な状態で生まれますが，決して無能な存在ではありません。生まれたばかりの赤ちゃんも，泣いたり笑ったりすることで，周囲の大人に自分の状態を知らせることができます。そうやって，周囲の大人をひきつけ，この愛着欲求を満たそうとしているのです。

そして**愛着**とは，不安や恐れを感じた時に特定の人と接触して安心，安全を回復する行動システムのことです。つまり，特定の人と安定した愛着を形成するということは，不安や恐れを感じた時は，この人のところにいけば大丈夫，という行動パターンを作りあげるということです。したがって，子どもが安定した愛着を形成するために，周囲の大人は，先回りして不安や恐れを取り除くのではなく，子どもが不安や恐れを感じた際に，それをしっかりと受け止めてあげることが重要です。その積み重ねがあれば，子どもは，その人を**安全基地**として利用して，不安や恐れが生じるような場面にも積極的に立ち向かっていくことができるようになります。

子どもが不安や恐れを感じるのは，主に子どもにとって新奇な対象・人物・場面に遭遇した時です。それは同時に子どもの世界を広げる機会でもあります。この時，何かあれば確実に自分を守ってくれる安全基地が存在することは，子どもが勇気を出して新奇な対象・人物・場面と関わり，探索し，学んでいく基盤として，大変重要です。

事例　A君の安全基地

Aくん（10か月）は普段離れて暮らすおばあちゃんの家に遊びに来ました。お母さんに抱っこされたまま，Aくんはおばあちゃんの顔をじっと見ていて，おばあちゃんが「おいで」と手を出しても，お母さんからなかなか離れられません。人見知りしているようです。でも，しばらくお母さんがおばあちゃんと親しく話す様子を見ていたAくんは，いつしかお母さんから離れ，最近できるようになったつかまり立ちを披露してくれました。おばあちゃんに「上手ね〜」とほめられ，嬉しそうにニコニコしていたAくんでしたが，ふとバランスを崩して尻もちをついてしまいました。「あら！」おばあちゃんが驚いて声を上げると，びっくりしたAくん。慌ててずりばいでお母さんのところに戻り，ぎゅーっとお母さんに抱きつきました。お母さんが笑って「大丈夫」とAくんを離そうとしますが，Aくんはぐずって離れようとしません。「大きな声出してごめんね」おばあちゃんが申し訳なさそうな顔で言います。それから5分ほどお母さんにくっついていたAくんでしたが，その後再びご機嫌になり，おばあちゃんとの時間を楽しむことができました。

安全基地としての愛着対象者がそばにいれば，子どもは安心して過ごすことができますが，愛着対象者が不在だと，それ自体が子どもにとって不安の材料になります。そのため，子どもは愛着対象者の姿が見えなくなると泣いたり，後追いしたりする**分離不安**を示します。

分離不安は**8か月不安**とも呼ばれるように，個人差はありますが，1歳頃から強く見られ，2歳頃を境に次第に減少していきます。これは，子どもにとって愛着対象者が不要になるということではなくて，愛着対象者が内化され，表象レベルで機能するようになることを意味します。つまり，2歳頃からイメージする力（表象能力）が著しく発達することにより，実際に愛着対象者に接触することができなくても，子どもは，愛着対象者や，愛着対象者によって自分自身が守られていることを心の中でイメージして，安心，安全の感覚を得るようになります。これを**内的作業モデル**と呼びます。

しかし，イメージの世界は実体がないので不安定です。きょうだいの誕生や小学校入学など，環境に大きな変化があると，この内的作業モデルがうまく機能しなくなることがあります。すると子どもは，自分でできることを大人にやってもらおうとしたり，わざと大人を困らせたり，いわゆる**赤ちゃん返り**が生じるのです。この時，愛着対象者にしっかりと受容されれば，内的作業モデルは再び機能し始め，子どもは自然と離れていきます。

このように，愛着は子どもの発達初期に形成され，その後の発達の基盤として非常に重要なものですが，同時に，周囲の人たちとの関係の中で変化する可能性ももっています。したがって，初期の愛着形成がその後の発達のすべてを決定づけるわけではないという認識も必要でしょう。

2. 自己と社会性の発達

子どもは自らの欲求を満たしてくれる周囲の大人に対して愛着を形成します。安定した愛着の形成は，子どもにとって自分という存在を肯定的に捉え，世界は信頼できるものだという**基本的信頼感**を獲得することにもつながります。

しかし，周囲の大人は子どもの欲求すべてを満たしてくれる存在ではありません。時には，子どもの欲求充足を邪魔する存在にもなります。例えば，生後半年を過ぎて身体機能や移動能力が向上すると，子どもの探索行動は活発になります。しかしその時，周囲の大人は，「これは危ないからダメよ」と子どもが手を伸ばして取ろうとしているものをとりあげたり，「そこに行ってはだめよ」と子どもの行動を制止したりするでしょう。

実は，子どもはこのような経験を積むことで，他者とは異なる**自己**の存在を意識するようになっていきます。1歳になる頃には，ベビーカーに乗るのを嫌がったり，大人がスプーンで口に運ぶものを拒否したりという形で**自己主張**も現れます。そして，このような自己主張が本格化するのが2～3歳頃，「イヤイヤ期」「魔の2歳児」とも呼ばれる**第一反抗期**です。大人にとっては非常に手を焼く時期ですが，自分の行動の主体は自分であるという**自我の芽生え**を意味する，発達上とても重要な意味をもっています。

自我の芽生えは，幼児期を通じた**基本的生活習慣の獲得**の基盤としても重要です。例えば，排泄の自立は，トイレットトレーニングとしてこの時期の子どもを育てる家庭の関心事の１つですが，トイレでの排泄を大人がどんなに促しても，子ども自身がトイレで排泄することに意欲をもち，自分の尿意や便意を大人に伝えたり，コントロールしようとしたりする子ども自身の主体的な行動が生じなければ決して成功しません。

また，自我の芽生えにより，子どもは何でも自分でやることを主張しますが，まだ難しく，思うようにできないことばかりというのが現実です。子どもはやりたいのにできない，その理想と現実の葛藤でかんしゃくを起こし，大人のイライラも募ります。しかし，難しいからこそ，そこでの「自分でできた！」という成功体験が，子どもの肯定的な自己意識（**自己肯定感・自尊感情**）の形成を促すことになります。肯定的な自己意識は，その後の人生においても，自ら新しいことや困難なことに挑戦し，成長していくための糧として非常に重要です。したがって，大人には，できる限り子どもの挑戦を支援し，たとえ失敗しても，子どもが挑戦した意欲自体を評価し，認める姿勢が必要です。

また，子どもの自己主張を受け入れると，子どもが将来わがままになってし

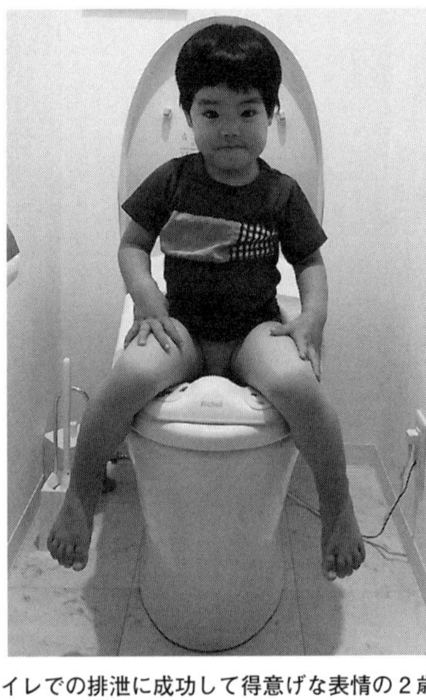

トイレでの排泄に成功して得意げな表情の２歳児

まうのではと心配する保護者もいるようです。しかし3歳頃になると，遊び相手として大人よりも子どもの占める割合が高くなり[1]，子ども同士の関わりが増えていきます。この時，子どもの自己主張に対して，大人は寛容に対応してくれますが，子どもが相手ではそうはいきません。互いの自己主張がぶつかることで，いざこざやけんかが生じます。こうした自己主張と自己主張のぶつかり合いを通して，子どもは，他者にも自分と同じように自我があること，そして，時には**自己抑制**も必要となることに気が付き，**自己制御能力**を発達させていきます。自己主張は3～4歳頃にかけて急速に発達し，その後停滞するのに対し，自己抑制は4歳以降も継続して発達していくことが示されています[2]が，ここには自己主張をベースとしながら自己抑制の機能を発達させていく子どもの姿を推察することができます。

大人は，いざこざやけんかが起きそうな場面で，自己主張せず，我慢する子どもを「いい子ね」と評価しがちですが，実際に社会の中で他者と関係をもちながら自分らしく生きていくためには，適切に自己主張することも必要です。自己制御能力とは「自己主張と自己抑制のバランスをとる力」です。子どもは，いざこざやけんかを通して，こうした自己主張と自己抑制のバランスのとり方を身をもって学んでいるのです。

5歳頃には**心の理論**が獲得され，子どもたちは人の行動の背後にある心の状態に着目し，その心の状態に基づいて自分や他者の行動を理解して説明したり，その後の行動を予測したりすることができるようになります。それに伴い，いざこざやけんかの場面で，大人が介入して状況を整理したり，互いの気持ちを代弁したりしなくても，次第に子ども同士で解決できるようになっていく姿を見ることができます。

さらに，このような認知発達や他者との経験の積み重ねの中で子どもの**規範意識**や**道徳性**も発達していきます。しかし，学童期前期までの道徳的判断は**他律的**で「大人（先生・親）がダメだって言ってたからダメなんだ」と考える特徴があります。なぜダメなのかを**自律的**に考えることは難しい段階です。そのため，例えば「○○ちゃんがお友だちの作っていた積み木を壊してしまった」という結果に対して，たとえそれが「わざと」でなく「うっかり」してしまったことであっても，同じようにいけないことだと判断する傾向があります。したがって，この時期，「ダメ」「やめなさい」と大人の権威に子どもを従わせるのは簡単ですが，子どもの自律的な規範意識や道徳的判断の発達を促すためにも，「なぜそれがいけないのか」を丁寧に伝えていくことが求められます。

3. コミュニケーションとことばの発達

私たちのコミュニケーションにおいて，ことばは中心的な役割を果たします。しかし，ことばを話す以前から，子どもと大人のコミュニケーションは始まっています。例えば，子どもは生まれながらに，人の顔を好んで見たり，その表情を模倣したり（**共鳴動作**）することが明らかになっています。これは相手の反応を意識したものではないのですが，周囲の大人がそのような子どもの行動を自分に向けられたものと捉えて応答することで，次第に，子ども側も意図的にコミュニケーションをとるようになっていきます。実験では，コミュケーションの途中で急に相手が無表情になると，生後２か月頃には戸惑う様子を示すようになることが明らかになっています[3]。子どもは視線や表情，**喃語**《なんご》と呼ばれることば以前の発声で，この頃にはすでにコミュニケーションを期待し，楽しむ存在となっているのです。

そして生後９か月から１歳頃，**共同注意**が成立することで，コミュニケーションのあり方は大きく変わります。共同注意とは，他者の注意がどこにあるのかを意識しながら，他者の注意と自分の注意とを重ね合わせることをいいます。これ以前のコミュニケーションは**二項関係**，すなわち「子ども」と「大人」の二者の見つめ合いが中心です。しかし，この共同注意の成立により，「子ども」は「大人」と「第３のモノ（物体・人物・出来事）」について共有，共感する**三項関係**のコミュニケーションができるようになります。例えばこの時期，自分のお気に入りの玩具を大人に提示して見せたり，自分の関心のあるものに大人の注意を向けようと**指さし**したりする行動が見られるようになります。

このコミュニケーションにおける変化は「**9か月革命**」[4]と呼ばれるほど，子どものことばや認知の発達においては重要な意味をもちます。なぜなら，三項関係のコミュニケーションにより，子どもは他者を介して自分の知らないモノ（物体・人物・出来事）について学ぶことができるようになるからです。

共同注意の例（母親－子ども－桜の花の三項関係が成立している）

この時，大人は子どもの注意を引き付けて「ほら，これがイヌ。これがネコ」などと色々と教えたくなってしまうものですが，実はこのような大人主導の共同注意よりも，子どもがすでに注意を向けているモノに対して大人が声をかける子ども主導の共同注意の方が，子どものことばや認知の発達には効果的であることが明らかにされています[5]。大人の方が，子どもの注意が今どこに向いているかをよく観察し，寄り添っていく姿勢が重要だといえます。

こうしたコミュニケーションを基盤として，子どもは1歳頃，初めて意味のあることば（**初語**）を発します。しかし，初語が現れてから半年以上，話すことのできるようになることばは月に3～5語程度と，その獲得のペースは非常にゆっくりです。子どもたちにとって，ことばの意味，すなわちそのことばがどの範囲を指し示すのかを知る作業は容易なことではないからです[6]。例えば，この時期，絵本に描かれた犬を見て「ワンワン」と言うようになった子どもが，ゾウ，キリン，カバなど，四つ足の動物は何でも「ワンワン」と呼ぶ**過拡張**といった現象が見られます。

このような試行錯誤の期間を経て，2歳の誕生日を迎えるまでには，多くの子どもたちはスムーズにことばの意味を推測できるようになり，1か月に30～

50語くらいのペースでことばを獲得するようになる**語《ご》彙《い》爆発期**を迎えます。語彙が増えてくると，単語のみであった**一語発話**から，単語をつなげた**二語発話**，**多語発話**へと発達が進みます。個人差は大きいものの，3歳頃には接続詞や助詞も使えるようになり，ことばによるコミュニケーションが可能になります。一方，この時期の子どもが話すことは脈絡がなく，なかなかコミュニケーションが成立しません。その理由として，先に述べた**心の理論**の獲得以前であるということの他，**ピアジェ（Piaget, J.）**が区分した認知発達段階において**前操作期**にある幼児期は，**自己中心性**が強く，客観的な視点をもつことが難しい時期であることも挙げられます。学童期前期，7～8歳くらいになれば，**具体的操作期**に入り，日常的な事柄であれば論理的に考え，伝えることも可能になっていきます。

ところで，ことばは，他者とコミュニケーションをとるためだけでなく，心の中で，自分の考えをまとめたり，自分の行動を調整したりするためにも使われます。前者を**外言**，後者を**内言**として区別した**ヴィゴツキー（Vygotsky, L. S.）**[7]は，ことばは他者とのコミュニケーションの中でまず**外言**として獲得され，次第にそれが内面化されて**内言**としても使われるようになっていく過程があると考えました。3～4歳頃になるとひとりごとを言う姿がよく観察されますが，これは，内言の機能が発達し始めていること，しかしその内言の機能が未熟であるために，心の中だけで使うことが難しく，外言化してしまっていることを意味します。特に，ひとりごとは困難な課題に集中して取り組んでいる際に多く見られるようです。

さらに子どもたちが学童期に入り，学校社会へ参入すると，親しい人たちとの間でコミュニケーションをとるだけでなく，不特定多数の人に対して意見を発信したり，コミュニケーションをとったりすることも求められるようになります。この時，親しい人たちとのコミュニケーションで用いられることばは**一次的ことば**，不特定多数の人とのコミュニケーションで用いられることばは**二次的ことば**と区別されます[8]。一次的ことばは，その場を共有している親しい人たちとのコミュニケーションの中で用いられるので，表情や身ぶりなどにより補うことも可能であり，多少の省略や間違いがあっても十分に通用しますが，二次的ことばの場合には，そのような文脈情報がないので，学童期前期の子どもには使いこなすことが難しいものです。この二次的ことばの発達を促すためにも，ただ形式的な表現形式を与えるだけでなく，子どもたちが伝えたいと思う気持ちを育むような，豊富で充実した生活経験を提供することが大切だといえます。

コラム　子どもの読み書き能力の発達

「超早期教育」が問題になっています。ひらがなの学習は小学校に入ってから始まるはずなのに，幼稚園に入るまでに自分の名前くらい読めなくては，などと焦る保護者もいるようです。

2歳くらいになると，まるで読み書きをしているかのようにふるまう行動が見られるようになります。これは，エマージェント・リテラシーあるいはプレ・リテラシーなどと呼ばれ，読み書き行動の萌芽として見ることができます。

しかし実際に読み書きを習得するには，聞いた音を一音ずつに分解する音韻分解や，必要な音を取り出す音韻抽出といった**音韻意識**も必要で，これは4歳頃から学童期前期にかけて遊びを通して育まれていきます。また，読み書きの習得には，子ども自身が，文字の読み書きに対する道具的な価値（ひらがなを読めることで本が読める，ひらがなが書けることで手紙が書ける，など）を理解することが重要であることも指摘されています。このような子どもの心身の発達状況や興味関心（**レディネス**）を無視して，早くから読み書きを教え込むことには決して効果はないのです。

学校教育の現場では，小学校に入学した子どもたちが授業中に落ち着いて話を聞いていられないといった**小1プロブレム**という問題もあります。実は，この小1プロブレムの原因の1つに，過度な早期教育（先取り教育）により，子どもが小学校の授業の内容をすでに習得しているために，授業が退屈であるという逆段差があることも指摘されています。結果として勉強の習慣がつかず，学習内容が難しくなった時についていけなくなってしまう，いわゆる**10歳の壁**（p.15参照）にもつながってしまうかもしれません。

　このように，学童期以降の発達も見通しながら，幼児期の過ごし方について考える必要があるでしょう。

考えてみよう

1. 親子の安定した愛着形成を支援するため，保育者が日頃からできることは何でしょうか。
2. 子どもの自己制御能力の発達を促すため，いざこざやけんかの場面で保育者としてどう介入することがよいでしょうか。
3. 子どもは身近なことばから獲得していきます。それはなぜでしょうか。また，豊かなことばを育むために保育場面でどのような工夫ができるでしょうか。

参考書

遠藤利彦（2017）．赤ちゃんの発達とアタッチメント―乳児保育で大切にしたいこと　ひとなる書房

繁多　進（監修）（2010）．新乳幼児発達心理学―もっと子どもがわかる　好きになる　福村出版

内田伸子（1999）．発達心理学―ことばの獲得と教育　岩波書店

引用文献

1　Ellis, S., Rogoff, B., & Cromer, C. C. (1981). Age segregation in children's social interactions. *Developmental Psychology, 17*, 399-407.

2　柏木恵子（1988）．幼児期における「自己」の発達　東京大学出版会

3　Bertin, E., & Striano, T. (2006). The still-face response in newborn, 1.5-, and 3-month-old infants. *Infant Behavior and Development, 29*, 294-297.

4　Tomasello, M. (1999). 大堀壽夫・中澤恒子・西村義樹・本多啓（訳）（2006）．心とことばの起源を探る―文化と認知　勁草書房

5　Tomasello, M., & Farrar, M. J. (1986). Joint attention and early language. *Child Development, 57*, 1454-1463.

6　針生悦子（2015）．ことばの学習の立ち上がり 発達，*141*，8-12.

7　ヴィゴツキー, L. S. (1934)．柴田義松（訳）（2001）．思考と言語（新訳版）　新読書社

8　岡本夏木（1985）．ことばと発達　岩波書店

2 学童期後期から青年期にかけての発達

学童期後期から青年期にかけての発達の特徴は，身体が急速に成熟することです。それと同時に，認知的に抽象的な思考が可能になり，自己制御機能が発達してくること，対人関係では，親より友人や恋人が重要な他者になることが挙げられます。そして青年期の中，後期になれば，自分なりの価値観を形成し，将来どう生きるかを真剣に考え始めるようになります。

1. 身体の成熟と感情の不安定さ

発達心理学において，青年期（adolescence）は，12 歳前後から 20 歳過ぎくらいまでの時期にあたります。この期間は，第二次性徴の開始から終わりという生物学的な変化に注目して，青年期の前半は**思春期**（puberty）とも呼ばれています。**第二次性徴**は，女子は 10 歳前後，男子は 12 歳前後から始まります。性ホルモンの働きで，体が急速に成長し（スパート），男性らしい，女性らしい体に変化し，十代半ば過ぎには男女とも性的に成熟します。性行動の経験率は高校くらいから徐々に増加していきます（図 1-2-1 参照）。

このようなプロセスは，成熟の早い者，遅い者という個人差が大きく，それは子どもの心理面に大きな影響を与えます。男子は成熟が早い者はリーダーシップをとりやすいなどのメリットが多い一方で，女子の早熟者についての結果は一貫していませんが，抑うつ的になりやすいなどの報告[2]もあります。

身体の急激な変化は，青年の**自己概念**や行動にも影響します。身体の成熟化により周囲の人々の反応がそれまでと異なってくると同時に，子ども自身も他者からどのように見られるかという他者の視線を気にするようになります。自己を批判的に見るようになり，例えば，小学 4 年生から 6 年生にかけて「どの

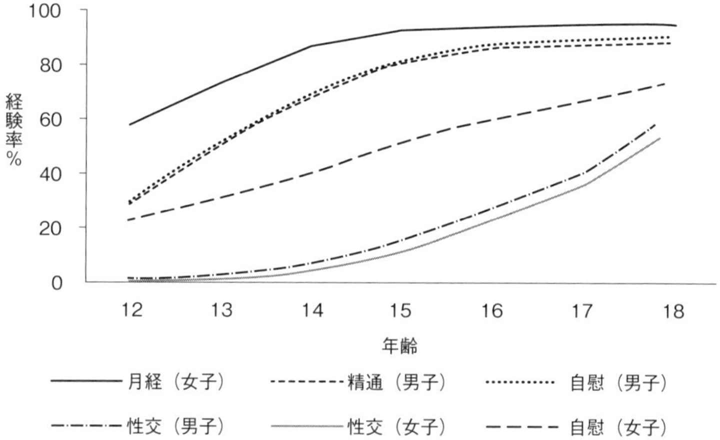

注）大学生の回答より作成。

図 1-2-1　性的成熟と性行動の累積経験率（日本性教育協会，2019）[1)]

くらい自信があるか」という質問に対し，「外見」に対しての自信は，小学4年生から6年生の間に，特に女子において急に下がってしまいます[3)]。これは，社会が女性の魅力をどう捉えているかにも関係があるといえるでしょう。

また，この時期の子どもの中には，社会的なルールを犯すような大胆な行動をする者もでてきます。近年，脳科学の発達とともに，脳の前頭前野は25歳くらいまで発達することがわかってきました[4)]。感情をつかさどる大脳辺縁系は思春期にホルモンの影響を受けて急速に発達を遂げ活性化します。しかし，その感情を抑制する大脳の機能が未熟なために，時に親や教師の意にそぐわない不可解で衝動的な行動をとることがあるのです。このように，特に青年期の初期は，ホルモンや脳の発達の影響を受け，身体的にも心理的にも不安定な時期といえるでしょう。

2. 認知発達

青年期は，認知面でも成人と同じレベルに達します。**ピアジェ**（Piaget, J.）の理論によると，学童期の初期はまだ**自己中心性**が強く，客観的な視点をとることが難しい時期ですが，7，8歳くらいになると具体的な事物やイメージ，あるいは日常に経験した事柄であれば論理的に考えることが可能になってきます（具体的操作期）。11，12歳くらいで**形式的操作期**に入ると，具体物だけでなく，目に見えない抽象的な概念についても論理的に推論できるようになります。問題解決においても，仮説をたててあらゆる可能性を検討して結論を導くことができるようになります。例えば，振り子の振れる速さを決める要因は何か，という問題に対して，**具体的操作期**の子どもは振り子の長さに注目した場合，長さを色々と変えると同時に振り子の重さや振れはじめの位置なども変えてしまいます。形式的操作期の子どもは他の要因を統制して長さだけを変えることができるようになります。

学校では，小学4年生になると，学ぶ内容も日常の経験と離れた問題や概念が使われるようになります。具体的操作期から形式的操作期への移行は個人差があるので，その移行が遅れる子どもにとっては，教科の内容の理解が難しくなる場合も出てきます。それは「**10歳の壁**」といわれますが，同時に，次の段階のより進んだ思考への発達をとげる飛躍的な時期ともいえます[5)]。青年期を特徴づけるものが，**メタ認知**の発達です。メタ認知には，自分自身の認知活動を監視して，自分が理解しているのか点検したり評価したりする活動と，目標設定や計画をしたり，認知的活動を修正したりする活動が含まれます。例えば，「自分は人より努力しないとついていけないから，何回も繰り返し復習しよう」というような，メタ認知に代表される，より内省的で，かつ他者の視点も取り入れるような複雑な認知は青年期を通じてさらに発達すると考えられます。

3. 対人関係の発達

(1) 親子関係

幼児期や学童期までの子どもにとって養育者は最も重要な人物ですが，思春期以降は認知発達が進み，論理的に考えられるようになって問題解決力も向上します。親も一人の大人にすぎない存在になり，理想的な親を求めて現実の親に対して批判的になったり，反抗や反発が見られたりすることから，**第二次反抗期**といわれます。また，親や教師から心理的な独立を果たすという意味で**心**

理的離乳の時期ともいわれます。

実際，「重要な他者」は，青年期において親や家族から友人に移行していきます。例えば，小学４年生から６年生を対象に，「大切な人」を順に４人選んでもらった調査があります[6)]。その結果，４年生と５年生は「母親」が男女とも最も多く選択されましたが，６年生で「友達」を１番に選ぶ子どもの比率が「母親」よりも多くなっていました。落合・佐藤[7)]によれば，青年が親から離れていく過程には，５つの段階があると考えられています。第１段階は，「親が子どもを抱え込む親子関係」と「親が子どもと手を切る親子関係」とが表裏一体の関係にある段階です。第２段階は，「親が外界にある危険から子どもを守ろうとする親子関係」，第３段階は「子どもである青年が困ったときに，親が助けたり，励ましたり子どもを支える親子関係」，第４段階は「子どもが親から信頼・承認されている親子関係」，第５段階は「親が子どもを頼りにする親子関係」です。中学生を対象とした調査では，第１段階から第３段階の関係が多かったのに対し，大学生では，第4，第５段階の関係が多く見られました。このことから，青年期の親子関係は，高校生から大学生のはじめに転換期があると考えられます。

別の見方をすれば，中学生と高校生の前半くらいの時期は，親への依存や甘えは強く，重大な問題が発生した時には親を頼りにします。友人関係や進路などで壁にぶつかったような場合，人生に経験者として相談できる親や教師の存在は大きいといえるでしょう。

(2) 友人関係

幼児期や学童期の友人が主に遊び友達であるのに対し，青年期の友人関係は，人格的な尊敬や共鳴で成り立っており，この時期の友人は一生の友となるくらいに持続する場合が多くなります。

友人の存在は心理的に非常に重要になります。**愛着**という観点からいえば，友人は親に代わる最も安心できる存在になります。また，友人は情報源となり，その関係を通じて社会的スキルなどさまざまなことを学びます。時には行動のモデルとなります。

この友人関係は，青年期の前半から後半にかけて変化していきます。落合・

佐藤[8]は，友人とのつきあい方について調査した結果，防衛的（自分のありのままを出さない），全方向的（誰とでも仲良くする），自己自信（自分に自信をもって交友する），積極的相互理解（自己開示して積極的にわかり合おうとする），同調（みんなと同じようにするつきあい），被愛願望（みんなから愛されていたい）という要素を見出しています。図 1-2-2 に見るように，中学生では，同調的で防衛的な付き合い方が多いのですが，高校，大学になるにつれ，それは減少し，積極的相互理解が高まっていることがわかります。

このように，友人は青年にとってなくてはならない存在である一方，特に中学生のような仲間との同一行動をすることを重視する関係においては，非常に気を使う関係になります。いじめなどの問題も，他者と同じ行動をしようとする**同調性**が高まるこの時期に最も多く見られます。近年，SNS の利用が広まる中，SNS 上での会話を通じて友人関係が形成され，維持される側面が現れています。男子より女子の SNS 利用が多い[9]のですが，友人との親密性の確認だけでなく，返答しない場合に仲間はずれにされる不安から SNS 利用が多くなっていることも考えられます。

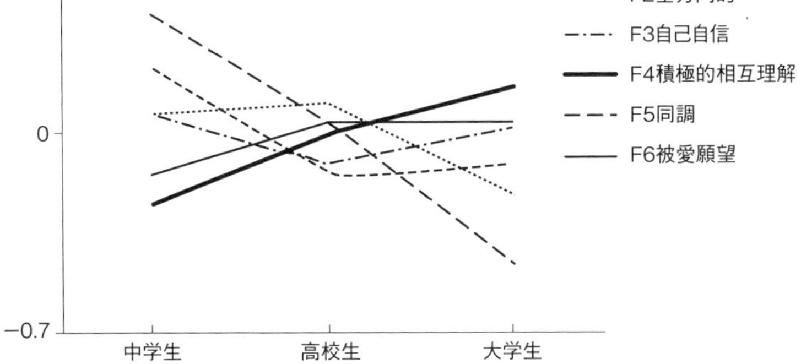

注）得点が高いほどその傾向が強いことを示している。

図 1-2-2　青年期における友達とのつきあい方の発達的変化（落合・佐藤，1996a）[7]

4. 自己の発達

青年期になると，上記のように身体的成熟，認知的発達，社会的変化の影響を受け，**自己**を客観的に捉え，自分なりの価値観を形成していきます。それまでの自己は，経験の中で受動的に形成されてきたものであり，必ずしも自覚的なものではありません。青年期に達した時，それまでの自己の再検討が迫られ，自覚的，意図的に自己のあり方を再構成していきます。その意味で，青年期は，学童期までの自己発達とは異なり，自己形成の時期[10]ともいえるでしょう。自己形成の道は決して平易なものではなく，自分の生きる意味を見出す過程で自己に批判的になったりします。劣等感に苛まれたり，抑うつ的になったりすることもあります。

エリクソン（Erikson, E. H.）[11]は，人間は生涯にわたり，生物学的，心理的，社会的な要因の影響を受けるとし，人生を8つの段階に分けています。図1-2-3に示すように**漸成的**（エピジェネティック）図式を描き，それぞれの段階には危機があるとしています。この危機とは葛藤という意味です。例えば，乳児期は基本的信頼対不信ですが，養育者や自分に対する信頼形成の課題について解決されれば，対角線上の次の危機の段階に進みます。対角線以外の枠も意味があり，例えば，乳児期の葛藤の解決が早熟であれば，I-2に進んだり，遅滞してII-1に進んだりするように発達の道はさまざまな経路があることになります。エリクソンは，青年期を**アイデンティティ**（自我同一性）の同一性対役割混乱（達成対拡散）の時期としています。アイデンティティの達成とは，「これが私だ」という自己定義を「どこから来てどこへいくのか」という連続した感覚の中でとることができること，そして，それが社会的に受け入れられるものであるという感覚をもつことです。この時期は，自分は将来何になるのか，どういう人でいたいかということについて真剣に悩みながら自分なりの答えを見つけていくことになります。

エリクソンのアイデンティティの理論を実証的に検討できるように，マーシャ（Marcia, H. E.）[12]は，アイデンティティを危機と関与を基準にして4つの地位に分類しました（表1-2-1参照）。

VIII円熟期								自我の統合対絶望
VII成年期							生殖性対停滞	
VI若い成年期						親密性対孤独		
V思春期と青年期					同一性対役割混乱			
IV潜在期				勤勉性対劣等感				
III移動性器期			自主性対罪悪感					
II筋肉肛門期		自律性対恥と疑惑						
I 口唇感覚期	基本的信頼対不信							
	1	2	3	4	5	6	7	8

図1-2-3　エリクソンの漸成図式（Erikson, 1963）[11]

この場合の危機とは，いくつかの選択肢の中で迷い，悩んで意思決定を行うという意味であり，積極的関与（commitment）とは，自分の信念を自覚し，それを実現しようと努力していることです[13]。表1-2-1のように，同一性達成は，危機の経験があり，関与が明確である状態，つまり，悩んだ末，自分で解決しそれに基づいて行動している状態です。モラトリアムは，現在，危機の最中で，積極的に関与をしようとしている状態をいい，早期完了は，現在の関与は明確ですが，危機の経験がない場合をいいます。同一性拡散は，現在，積極的な関与をしていない状態であり，過去に危機を経験した場合としていない場合があります。アイデンティティは一度達成されても，それ以降も達成が続くとは限りません。結婚や子どもの誕生，転職などで新たな役割が求められ，そ

表1-2-1　マーシャによる4つのアイデンティティ・ステイタス（Marcia, 1966）[12]

ステイタス	危機	関与	概略
同一性達成 （identity achievement）	経験した	している	幼児期からのあり方について確信がなくなり，いくつかの可能性について本気で考えた末，自分自身の解決に達して，それに基づいて行動している。
モラトリアム （moratorium）	その最中	しようとしている	いくつかの選択肢について迷っているところで，その不確かさを克服しようと一生懸命努力している。
早期完了 （foreclosure）	経験していない	している	自分の目標と親の目標の間に不協和がない。どんな体験も，幼児期以来の信念を補強するだけになっている。堅さ（融通の利かなさ）が特徴的。
同一性拡散 （identity diffusion）	経験していない	していない	危機前（pre-crisis）：今まで本当に何者であったかの経験がないので，何者かである自分を想像することが不可能。
	経験した	していない	危機後（post-crisis）：すべてのことが可能だし可能なままにしておかなければならない。

れに応じてアイデンティティは探求され，作り直されていきます（第1章第3節参照）。

エリクソンの理論は，70年以上前の理論ですが，青年期は新しい自己形成をする時期であるという点では，ここに時代を超えた青年期の特徴があるといえます。

5. 青年期の問題

多くの子どもたちはさまざまな葛藤を経験しながら青年期を過ごしていきますが，この時期に心理的，社会的な問題を抱え込む青年もいます。ここでは，青年期に特徴的な**ひきこもり**をとりあげます。

斎藤[14]は，「社会的ひきこもり」を，「20歳後半までに問題化し，6か月以上自宅にひきこもっており，他の精神障害がその第一の原因とは考えにくいもの」と定義して，これを青年期の心理的特徴と見なしています。斎藤によると，ひきこもりは，個人と家族と社会がうまく接点を見出せない状況であると考えられます。青年が何らかのきっかけで傷つき，社会から離れた時，本人だけでなく家族までも社会と接点を断つ時，悪循環が生まれてきます。しかし近年では，地域で社会的にひきこもっている本人や家族を支援する団体などが増加しており，社会的ひきこもりは家族だけで抱え込む問題ではないということが周知されてきているようです。支援には第三者や専門家の支援が欠かせません。

おわりに

近年，青年の間ではSNSなどケータイを利用したゲームやコミュニケーションが広がっています。それに伴い，ネット依存の問題も生じています。橋元[9)]によると，中学生を対象とした調査では，保護者との関係の満足度および学校生活への満足度が低いほどネット依存得点が高いことが報告されており，家庭や学校での心理的居場所がない子どもが陥りやすいようです。

しかし，ネット社会はメリットもあり，例えばSNSを利用した相談機関を通して新たな出会いの可能性もあります。青年期の子どもは，悩みなどを相談できる親や教師以外の大人の存在が必要になってきます。ネットを通じて知り合った大人との交流がきっかけで青年の成長につながる場合もあるでしょう。

事例　A夫の不登校

A夫は，中学1年生の秋に，部活でうまくいかなくなってから学校に行こうとすると吐き気がするようになった。A夫の両親は学校でのいじめを疑ったが，本人に聞くと，それはないという。A夫の学校の担任，校長，スクールカウンセラーがA夫の支援に向けて動き出し，両親と連絡を取り合いながら支援体制が組まれた。しかし，2年生になってもA夫は，なかなか登校できなかった。一方，SNS上では同じ趣味をもつ人とのやりとりはあった。そして，3年生に進級したことを境に，4月から登校ができるようになって，無事に高校にも進学することができた。本人曰く，「ひきこもっていたころは学校に行かなければいけないことはわかっていたが，体がいうことをきかなかった。自分でもどうしてそうなったのかよくわからない」と言っている。

考えてみよう

全国的な調査[1]によると，家庭のイメージが「楽しくない」と答えた女子中，高校生は「楽しい」と答えた者より性交経験率が高いことがわかっています。なぜこのような結果が得られたのか，考えてみましょう。

参考書

相良順子・村田カズ・大熊光穂・小泉佐江子（2018）．保育の心理学［第3版］　ナカニシヤ出版

引用文献

1　日本性教育協会（2019）．若者の性白書　小学館

2　Hyde, J. S., Mezulis, A. H., & Abramson, L. Y. (2008). The ABCs of depression: Integrating affective, biological, and cognitive models to explain the emergence of the gender difference in depression. *Psycological Review, 115,* 291-313.

3　谷　俊和・相良順子（2009）．児童期における自己認知の側面に対する自己評価と自己受容感との関係　聖徳大学児童学研究所紀要，*11*，67-74.

4　八木淳子（2018）．青年という年齢段階を考える―脳の発達視点から　青少年問題，*671*，10-17.

5　渡辺弥生（2011）．子どもの「10歳の壁」とは何か？―乗りこえるための発達心理学―　光文社

6　村上達也・櫻井茂男（2014）．児童期中・後期におけるアタッチメント・ネットワークを構成する成員の検討　教育心理学研究，*62*，24-37.

7　落合良行・佐藤有耕（1996a）．親子関係の変化からみた心理的離乳の過程の分析　教育心理学研究，*44*，11-22.

8　落合良行・佐藤有耕（1996b）．青年期における友達とのつきあい方の発達的変化　教育心理学研究，*44*，55-65.

9　橋元良明（2018）．若年層における情報行動の変化　情報教育ジャーナル，*1*，7-14.

10　溝上慎一（2008）．自己形成の心理学―他者の森を駆け抜けて自己になる―　世界思想社

11　Erikson, E. H. (1963). 仁科弥生（訳）（1977）．幼児期と社会Ⅰ　みすず書房

12　Marcia, J. E. (1966). Development and validation of ego identity status. *Journal of Personality and Social Psychology, 3,* 551-558.

13　無藤清子（1979）．「自我同一性地位面接」の検討と大学生の自我同一性　教育心理学研究，*27*，178-187.

14　斎藤　環（1998）．社会的ひきこもり　PHP 研究所

3 成人期 / 老年期における発達

青年期を経て，体力的にも精神的にも充実し，人生の盛りともいうべき成人期に入ります。近年，わが国では，寿命の延びが著しく，成人期以降の人生が長くなっています。本節では，成人期を成人期前期，成人期後期に分けて考えます。人は成人期から老年期にかけて，どのようにその人らしく発達していくのでしょうか。

1. 成人期前期の発達

(1) 発達課題

成人期は一般に，20 歳から 60 代を指しますが，20 歳から 40 歳は成人前期，後半が成人後期と呼ばれます。生物学的には，人の体力的なピークはこの成人前期です。女性はこの時期に最も健康な出産が可能になります。したがって，多くの文化においてこの時期の課題は，配偶者を見つけ，家庭を築くことになります。ハヴィガースト（Havighurst, R. J.）[1] は，18 歳から 30 歳までの発達課題として，職業に就く，結婚をし家庭を持つ，市民の責任を果たすことを挙げています。

前節で挙げたエリクソンは，成人期初期に起こる心理・社会的危機は「**親密性対孤独**」としています。エリクソンの仮定した成人期は 20 歳から 30 歳くらいまでを指し，友人や異性と親密な関係を結ぶことができるようになる一方で，これらの経験を回避し，深刻な孤独感にとらわれ，自分のことだけに関心がいってしまうという危機があるとされています。

しかしながら，他者，特に異性と親密な関係を築き，家庭をもつということは，近年難しくなっているようです。かつて，日本では家父長制が強く，周りが配偶者を選んでくることが多かったのですが，戦後，若者同士の愛情をベースにした結婚が主流になりました。さらに，結婚や子どもをもつことへの社会からの圧力が減り，結婚は個人の選択に任されるようになってきました。自由な恋愛で配偶者を得ようとする場合は，コミュニケーション能力や，ある程度の収入がなければ結婚することが難しくなります。特に，日本では，結婚は出産と結びついているため，女性は経済的な要素を重視し，収入の低い男性は結婚から遠ざかることになります。若い成人の多くの者は結婚を望んでいますが，2015 年の国勢調査では，35 ～ 39 歳では，男性はおよそ 3 人に 1 人（35.0％），女性はおよそ 4 人に 1 人（23.9％）が未婚となっており[2)]，結婚はすべての若い成人にとって通過するイベントではなくなっているといえます。しかし，たとえ社会制度と合致する結婚でなくても，人生のこの時期に信頼できる伴侶を得て子どもをもつことが期待されるという点は，まだ多くの社会で共通しているといえるでしょう。

(2) 女性のライフコースの選択

わが国の 1950 年代後半から 70 年代にかけての高度経済成長社会では，男性は，学校を出て一度就職したらその会社で定年まで働き続け，多くの女性は結婚とともに家庭に入っていました。現在では，女性も男性と同じように就労を続けることを希望する人が増えています。それでもなお，日本特有の長時間労働の習慣と，家事や育児は女性が担うという意識は現在も根強く残っているため，キャリアを変更せざるを得ない女性が多いのが現実です（第 3 章第 2 節参照）。岡本は，現代女性の人生を一本の木に見立てています（図 1-3-1）[3)]。成人初期に達して結婚，出産期を迎えると多くの枝に分かれていきます。

女性はこのような多様なライフコースの選択で悩むことも多く，青年期で確立されたアイデンティティの地位（第 1 章第 2 節参照）も変動していきます。

(3) アイデンティティと人格の発達

成人のアイデンティティの発達と成熟性については，「個としてのアイデンティティ」と「関係としてのアイデンティティ」という 2 つの軸で捉える考え方があります[4)]。前者は，「自分とは何者であるか」「自分は何になっていくの

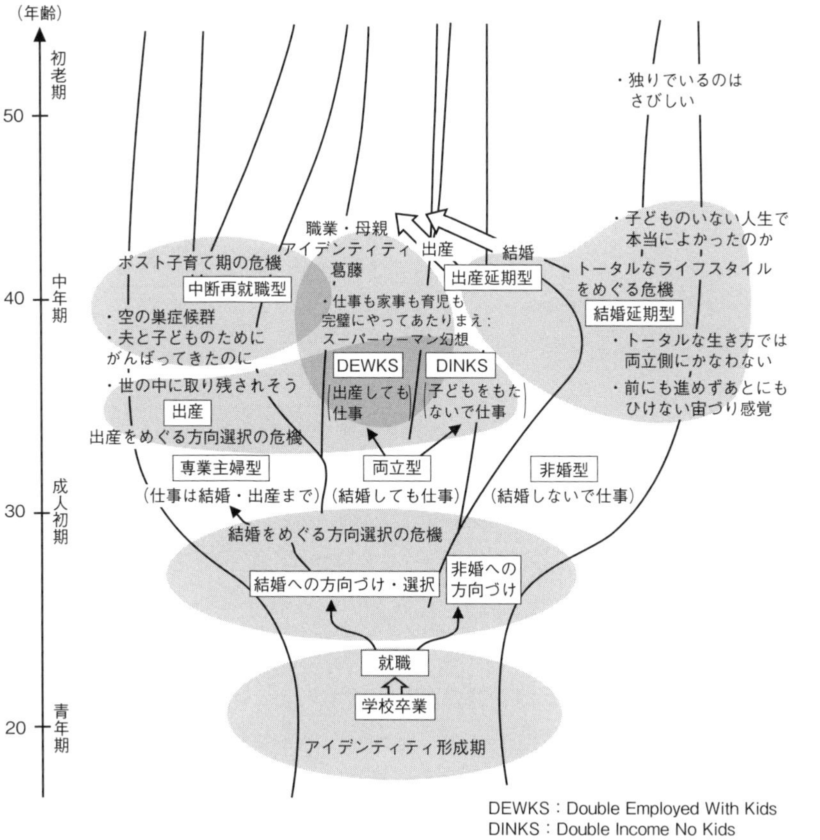

図 1-3-1　現代女性のライフサイクルの木（岡本，2002）[3]

か」という個の自立・確立が中心的テーマであり，後者は，「自分は誰のために存在するのか」「自分は他者の役に立つのか」がテーマです。この両者が相互に影響し合って，アイデンティティが成熟していくと考えられます。

伊藤[5]は，アイデンティティの２軸と同じように人格特性を**個人志向性**と**社会志向性**という２つの側面で捉えています。個人志向性は，自分独自の基準を尊重し，自分の個性を活かした生き方への志向性であり，社会志向性は，他者や社会の規範に則った生き方への志向性を意味します。伊藤は，10代から40代までの男女に調査を行い，世代別に２つの志向性の得点を図 1-3-2 のように

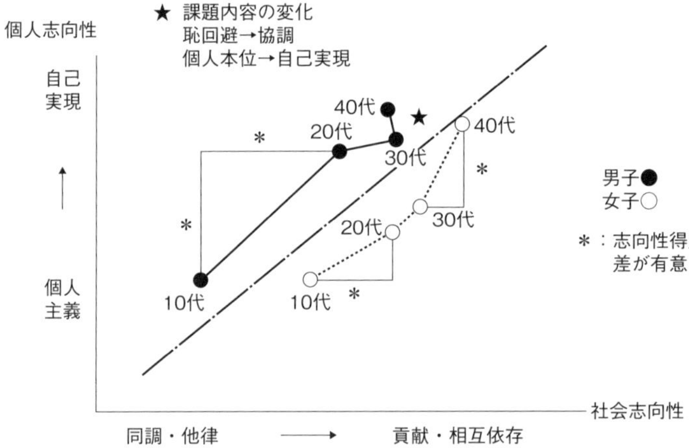

図 1-3-2　個人志向性と社会志向性の男女別変化（伊藤，1993）[5]

表しています。図からわかるように，青年期から成人期を通じて男性は個人志向が強く，女性は社会志向性が強いことがわかります。

つまり，男子は自己確立を前提として他者とのつながりを築いていくのに対し，女子は，他者とのつながりの上に自己を築いていくというプロセスの違いがあるようです。このように，発達の筋道は男女で異なるようですが，個人志向性と社会志向性がバランスよく発達することが成人の人格発達に大切なことだといえるでしょう。

2. 成人後期（中年期）の発達

(1) 発達課題

成人期後期は，40 代以降の老年期までの期間を指します。人間は 40 歳を過ぎる頃から心身のさまざまな変化を経験します。髪には白髪が目立ち始め，目も近いところが見えにくくなります。女性は，45 歳から 50 歳過ぎくらいには閉経を迎えます。身体的には少しずつ衰えを感じ始める時期ですが，人格的にはさまざまな人生の経験を積んでより成熟していく時期といえます。**ユング**(Jung, C. G.) [6] は，40 歳を人生の正午として，ライフサイクルの後半生に注目しました。ユングは，バランスのとれた人格を形成していくプロセスを「**個性**

化」と呼び，人生を一日に置き換えて午後の太陽が傾きつつある成人期以降を個性化がすすみ，自我の確立をめざす時期と捉えています。

また，先のエリクソンの心理社会発達段階では，成人期の課題として，**生殖性の獲得**が課題とされています（図 1-2-3 参照）。生殖性とは，子どもを育てるだけでなく，次の世代の育成を意識して社会に貢献することや，創造的なことをすることを意味します。このように，成人後期にある者の多くは，青年期と異なり，親として，職業人として社会的な役割をもっています。その役割を通して多くの経験を積み，人格的に成熟していく時期といえるでしょう。

(2) アイデンティティの再構築とキャリア

40 歳を過ぎ，50 代に入る頃になると人は身体的な変化を感じ，人生の残りの時間を意識し始めます。生活にも多くの変化を経験します。本人だけでなく，家族にも変化が見られます。子どもたちは青年期に達し，親から自立していきます。それまで育児にエネルギーを費やしてきた者は役割を失い，親としてのアイデンティティが揺り動かされ，心身の不調を訴える場合もあります。これは，「**空《から》の巣症候群**」と呼ばれ，育児に専念してきた女性に多く見られます。さらに，職場でも変化が生じる時期でもあります。入社して，高い地位や収入をめざして仕事中心で頑張ってきたものの，定年までの道筋が見え，挫折を経験したり，職場の配置換えなどで今まで経験したことのないような新しい仕事を任されたりというようなさまざまな変化を経験します。このような変化は，アイデンティティの危機でもあり，「自分の本当にやりたかったことは何なのか」という自己への問い直しが起こります。岡本[2)]は，このようなアイデンティティの揺らぎと再達成のプロセスをアイデンティティの**再体制化**と呼んで，青年期に獲得したアイデンティティは，成人期に，そして定年退職後に再体制化が起こりながら成熟していくと考えています。

アイデンティティの成熟に大きく関わるのがキャリア発達です。キャリア発達とは，ある人が仕事や職務を通して後悔や挫折を経験しながらも自ら目指す姿を実現していくことであるとされています。アイデンティティをもとに人はキャリアを選択し，また，キャリアを通して人はアイデンティティを確立していくように，アイデンティティの確立とキャリアは切っても切れない関係で

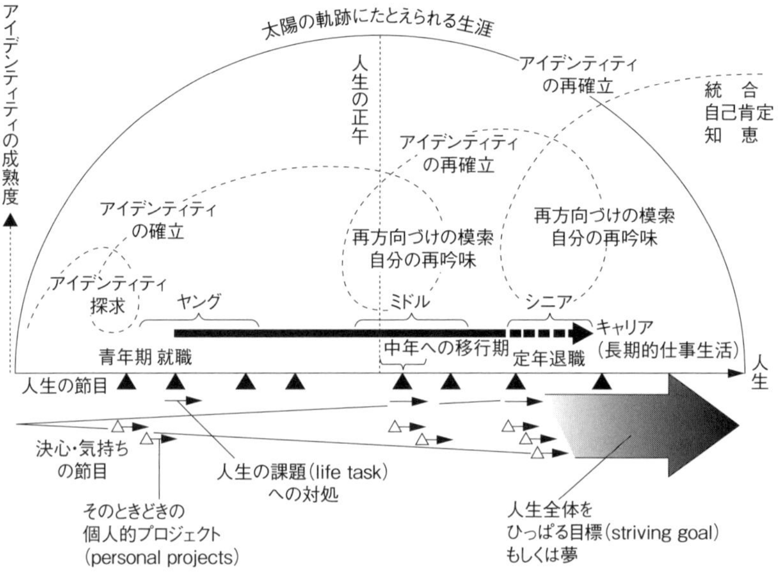

図 1-3-3　人の一生とキャリア（金井，1997）[7]

す。図 1-3-3 を見ると，キャリアの節目の時期と，アイデンティティの再吟味をする時期が重なっていることがわかります。背景には，前出のユングの説が描かれています。

日本人の平均寿命が大きく延びる中で，ユングの言う午後の時間が長くなっています。60 歳を過ぎて職場の第一線から身を引いても，まだまだ体力も気力もあり，定年後に起業したりして人生でやり残したことを始める人も出てきました。生活が変わる時，あるいは変えようとする時，それに柔軟に対応できること，そして自分の納得のいく方法で選択することが重要になり，また，それが人としての成長につながっていくのです。

3. 老年期の発達

国連の WHO（世界保健機構）では，老年期を 65 歳以上とし，65 歳から 74 歳を**前期高齢者**，75 歳以上を**後期高齢者**と区別しています。日本では，2018 年の総人口に占める 65 歳以上人口の割合（高齢化率）は 28.1％で約 3.6 人に 1 人が高齢者であり，2065 年には約 2.6 人に 1 人になると推計されています[8]。このように高齢化が進み，75 歳以上を高齢者，90 歳以上を超高齢者とする提言もなされています[9]。しかし，人生はいずれ終わりを迎えます。本節では，人生の最後の発達段階として老年期はどういう時期なのか，高齢者にとって心理的に健康に過ごすために何が必要なのかを見ていきます。その上で，高齢者の介護も考えていきます。

(1) 老年期の認知的変化

老年期には身体や認知機能が衰えていきます。身体的には身長が縮んだり，背中が丸くなったりします。ここでは，目に見えにくい感覚や知覚の機能，知能について見ていきましょう。例えば，視力については新聞や本が見えづらくなったというような老眼は，40 歳から 50 歳の間にはじまり，その他にも，老年期では，暗順応が鈍くなり，暗いところはいつまでも見えづらくなります。聴力も図 1-3-4 で示されているように，70 代後半以降，特に高い音域で急激に下がり，女性の小さい話し声などは，高齢者にとって非常に聞き取りにくいことがわかります。このように，感覚・知覚に関して高齢者は若い成人と異なる

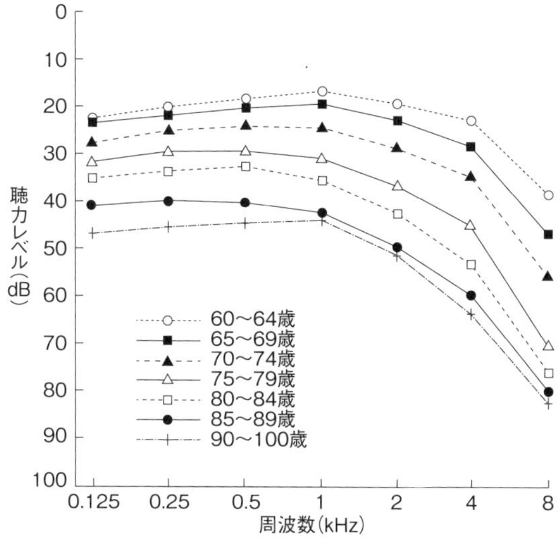

図 1-3-4　老年期の年代別聴力（佐藤，1998）[10]

刺激の受け取り方をしていることに気を付ける必要があります。

次に知能の変化を見てみましょう。知能とは，新しい知識を獲得したり，論理的に思考したり，知識を活用したりすることに関係する能力です。キャッテル（Cattell, R. B.）[11]は，知能を，**流動性知能**と**結晶性知能**に分けています。流動性知能は新しい環境や新しい問題解決力のことで，結晶性知能は，知識や日常の経験が生かされる能力です。流動性知能は加齢による影響を受けやすく，結晶性知能は高齢になっても維持されることが知られています。図1-3-5は，加齢に伴う知能の変化です。この図は，横断研究と縦断研究のバイアスを補正して推定されたものです。この図からも，すべての知能が低下するわけではなく，言語能力（結晶性知能に相当）は60代がピークで，80歳くらいまで保持されることがわかります。ところで，図では，知能の平均的な値が示されていますが，老年期の知能の低下は，健康状態，パーソナリティ，教育水準などによって影響を受け，個人差が大きいことも知られています。

さらに，成人期以降に形成・獲得され得る人間の能力の1つとして**知恵**が注目されるようになっています。知恵とは，「基本的で実践的な生活場面での熟

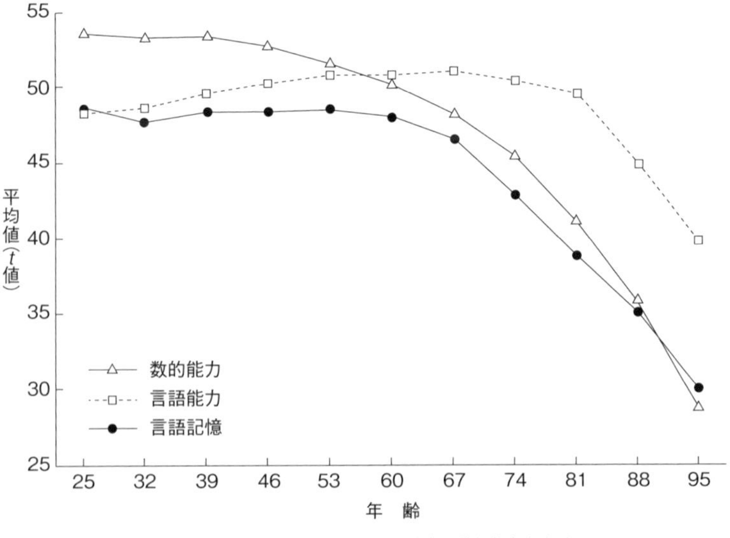

注）12）p.111より言語記憶，言語能力，数的能力を表示。

図1-3-5　加齢に伴う知能の変化（高山，2000）[12]

達した知識と判断」[13] と定義されています。人生で経験するさまざまな出来事を通し，広い視野でその体験を捉え，そこから何かを学び，次の体験に生かそうとすることが知恵の形成に役立つのです。

(2) 人格の発達

加齢とともに人格はどう変化するのでしょうか。心理学でよく使われる尺度が，**ビッグファイブ**という外向性，協調性，勤勉性，神経症傾向，開放性の5つの特性で人格を測るものです。外向性とは，人との付き合いを好み，活動的な傾向です。協調性は，他者を信頼する気持ちや共感性が強い傾向で，勤勉性は，向上心があり，課題などをやり遂げようとする傾向です。神経症傾向は，不安を感じやすい特性であり，開放性とは，好奇心が強く，多様な価値観を受容する傾向のことです。図 1-3-6 は，日本での横断的研究の結果[14] から，年代ごとの各特性の平均値を示したものです。図からわかるように，協調性と勤勉性は年齢とともに上昇し，神経症傾向は減少しています。また，男女差もあり，外向性は女性が高く，開放性は男性が高いこともわかります。神経症傾向は，若いときは男性より女性の方が高くなっています。協調性と勤勉性につい

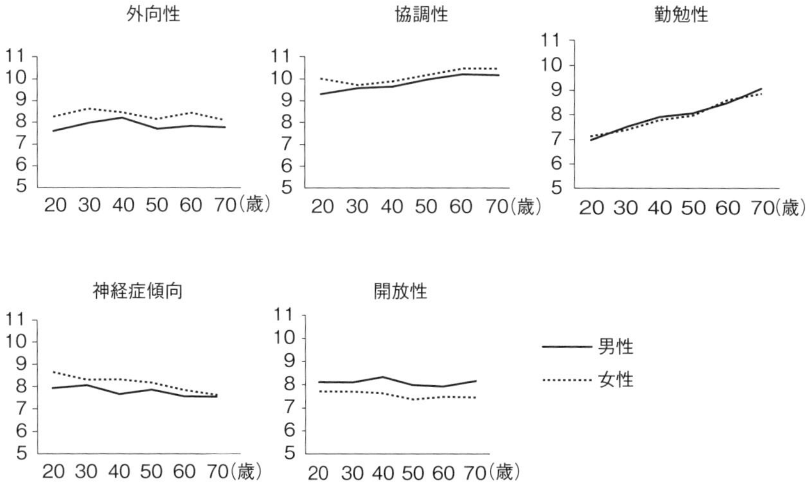

図 1-3-6　人格特性の年齢差と性差（川本ら，2015[14] をもとに筆者が作成）

ては，日本以外でも同様の結果が得られており，人は年齢とともにより社会に適応する方向へ発達するといえます。

エリクソンの心理社会的発達段階では，第8段階にあたる老年期の課題は「**自我統合と絶望**」です。これまでの人生を振り返り，楽しかったことやつらかったことを含めて自分の人生を受け入れ，将来の死を受け入れるという統合感をもつ一方で，今までの人生も死も受け入れがたいという絶望感も経験し，葛藤します。しかし，この葛藤を乗り越えて人間としての成長を遂げることになります。

(3) 高齢者の幸福感

老年期を幸福に過ごすことを**サクセスフル・エイジング**といいます。サクセスフル・エイジングの指標として，人が自分の人生や生活に対して抱く感情や認知である**主観的幸福感**が使われています。

先に見たように，老年期は，身体的，認知的な面では成人と比べてさまざまな機能が衰えることは事実です。また，人生において社会的な役割の喪失や，重要な他者の喪失など多くのつらいことも経験していきます。しかしながら，老年期は，平均的に見ると，心理的な面では必ずしも幸福感が下がるわけではなく，全国規模の横断研究[15]の結果，図1-3-7のように，むしろ，「自分が幸福である」という評価は上がる傾向にあることが報告されています。

この理由として，**社会情動的選択性理論**[16]が有名です。人は高齢になるほど，人生に限りがあることを認識し，情報や金銭的な物への執着が低下し，逆に既存の人々との関係を深め，情動的な満足を求める方へ動機づけが高まります。このような変化によって主観的幸福感が下がらないのです。

また，バルテス（Baltes, P. B.）[17]は，加齢に対する対処法として，「補償をともなう選択的最適化理論：SOC（Selective Optimization with Compensation）理論」を提唱しています。これは，目標を狭い領域にしぼったり，加齢によって機能が低下した部分を補う手段や方法を獲得したりすることで，主観的幸福感を維持しようとする試みです。例えば，精力的に半年に1つは作品を作成していた芸術家が，1年で1作品を完成するという目標にしたり，力が必要なところは若者に頼ったりするようなことです。必ずしも専門家でなくても多くの

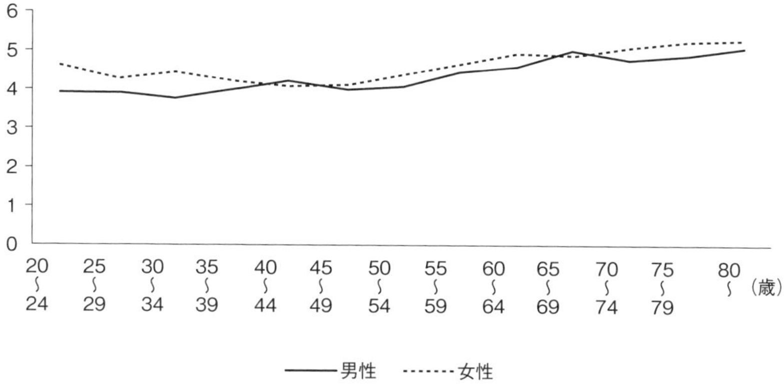

図 1-3-7　年齢層別主観的幸福感の推移（島井ら，2018[15] より作成）

高齢者は意識せずにこのような方略を使っていると考えられます。

（4）高齢者と介護

老年期でも後期高齢者になると，心身の機能が急速に低下し，介護が必要になる人が増えてきます。ここでは，記憶の低下や見当識障害のために日常生活が不自由になる**認知症**をとりあげます。日本における認知症の罹患率は 15% で 2012 年で 65 歳以上の 7 人に 1 人が認知症と診断されています[8]。その約 6 割が家族による介護を受けています。家族にとって認知症になった高齢者の対応は難しいかもしれません。特に，子どもにとってはかつて自分を保護し，養育してくれた親の認知能力が低下し自立が難しくなっていく様子を見ると，複雑な気持ちになります。また，高齢化社会では，介護をする子ども自身が高齢者である老々介護の場合も増えてきました。デイサービスなどの施設をうまく利用して，家族で抱え込まないことが大切です。

幼児期と違い，高齢者にはそれまで生きてきた人生があり，個々に色々な考え方や志向をもっています。たとえ意思疎通がスムーズにできなくなっても，高齢者のそれまでの生活や経験を尊重し，敬意をもって接したいものです。

事例　ある超高齢者夫妻

一夫は97歳，和子は93歳の超高齢者同士の夫婦です。数年前から和子は足が弱り，立てなくなって以来，一夫が食事の支度を全部行っています。一夫は耳が悪いのですが，それ以外は特に持病もなく，自分が作った料理を和子が「おいしい」と言って食べてくれることがとてもうれしいようです。また，和子も夫が料理をしてくれて「こんなありがたいことはない，幸せだ」と常に言っています。長男夫婦は老親と同居しようかと考えたこともありましたが，2人が仲良くなんとか暮らしている姿を見て同居はしませんでした。

考えてみよう

1. 上の事例で，一夫と和子が幸福感が高い要因は何でしょうか。また，息子夫婦と同居することで，得る可能性があること，失う可能性があることは何でしょうか。
2. 近年，高齢者介護施設などで幼児との交流が盛んに行われています。どんな交流があるのか調べてみましょう。また，そのような交流によって高齢者と幼児にそれぞれどのような影響があるのか考えてみましょう。

参考書

佐藤眞一・髙山緑・増本康平（2014）．老いのこころ―加齢と成熟の発達心理学―　有斐閣

引用文献

1　Havighurst, R. J.（1953）. 児玉憲典・飯塚裕子（訳）（1997）．ハヴィガーストの発達課題と教育―障害発達と人間形成　川島書店
2　内閣府（2019）．令和元年度　少子化社会対策白書
3　岡本祐子（2002）．新・女性のためのライフサイクル論　福村出版
4　岡本祐子（1997）．中年からのアイデンティティ発達の心理学　ナカニシヤ出版
5　伊藤美奈子（1993）．個人志向性・社会志向性に関する発達的研究　教育心理学研究，*41*，293-301.
6　Jung, C. G.（1916）. 高橋義孝（訳）（1977）．無意識の心理　人文書院
7　金井壽宏（1997）．キャリア・デザイン論への切り口　季刊ビジネス・インサイト，*17*，34-55.
8　内閣府（2019）．令和元年度版　高齢社会白書　https://www8.cao.go.jp/kourei/

whitepaper/w-2019/zenbun/pdf/1s1s01.pdf

9　日本老年学会・日本老年医学学会（2017）．高齢者の定義と区分に関する，日本老年学会・日本老年医学会高齢者に関する定義検討ワーキンググループからの提言（概要） https://www.jpn-geriat-soc.or.jp/proposal/pdf/definition_01.pdf

10　佐藤正美（1998）．老年期の感覚機能・聴覚　老年精神医学雑誌，*9*，771-774.

11　Cattell, R. B. (1963). Theory of fluid and crystallized intelligence: A critical experiment. *Journal of Educational Psychology, 54*, 1-22.

12　髙山　緑（2000）．英知を磨く　佐藤眞一・髙山　緑・増本康平　老いのこころ―加齢と成熟の発達心理学―（pp. 105-123）　有斐閣

13　Smith, J., & Baltes, P. B. (1990). Wisdom-related knowledge: Age/cohort differences in response to life-planning problems. *Developmental Psychology, 26*, 494-505.

14　川本哲也・小塩真司・阿部晋吾・坪田祐基・平島太郎・伊藤大幸・谷　伊織（2015）．ビッグ・ファイブ・パーソナリティ特性の年齢差と性差：大規模横断調査による検討　発達心理学研究，*26*，107-122.

15　島井哲志・山宮裕子・福田早苗（2018）．日本人の主観的幸福感の現状：加齢による上昇傾向　日本公衆衛生雑誌，*65*，553-562.

16　Carstensen, L. L. (2006). The influence of asense of time on human development. *Science, 312*, 1913-1915.

17　Baltes, P. B. (1997). On the incomplete architecture of human ontogeny: Selection, optimization, and compensation as foundation of developmental theory. *American Psychologist, 52*, 366-380.

端午の節句

2 家族・家庭の理解

子どもにとって親をはじめとする家族は最も重要な存在です。家族や家庭が変容する現代だからこそ，親になることや家庭の意義や機能について理解を深め，支援のあり方を考えていきます。

D1 親子関係と家族関係の理解

一般に，**家族**とは，夫婦とその血縁関係者を中心に構成され，共同生活の単位となる集団を指す言葉であり，**家庭**とは，その集団が生活する場としての環境を含んだ言葉です。ここでは，子ども家庭支援を行っていく上で，家族・家庭をどう捉えるのか，その意義や機能に注目しながら考えるとともに，子どもの発達を中心とした親子関係，家族関係について理解を深め，保育現場において家族・家庭をどう支援していったらよいのか考えていきましょう。

1. 家族・家庭の意義と機能

家族・家庭にはどのような意義と機能があるのでしょうか。ヒトは，**生理的早産**で未熟に生まれる子どもを，母親だけでは育てられないことから，父親が誕生し，家族が成立したといわれています。また，ヒトは直立二足歩行によって両手が使えるようになり，食料を持ち帰って**共食**するようになったこと，大脳の発達によって**心の理論**を獲得し，目に見えない他者の心を推論するようになったことで，より豊かなコミュニケーションがとれるようになったことも，家族間の絆を深める契機となったようです。このように家族は，伝統的には，生きていくために必要な資源を分かち合い，助け合うとともに，家族内の子どもの養護や教育，社会化を担う集団としての意義と機能をもっているといえます。しかし，その家族・家庭のあり方は，社会や文化の時代的な変化とともに変容し，多様化してきているようです。

例えば，2018 年に厚生労働省が実施した国民生活基礎調査[1)]によれば，夫婦と未婚の子どもから成る**世帯**（生計を同一にしている集団）が全世帯の 29.1％と最も多いのですが，単独世帯も全世帯の 27.7％，子どものいない夫婦のみの世帯も全世帯の24.1%と年々増加しています。また，子どもをもつ世帯においても，1997年以降は共働き世帯が専業主婦世帯を上回り，2018年には児童（18歳未満の未婚の子ども）のいる世帯において，仕事をもつ母親の割合は72.2%となりました。父親が家庭の外で仕事をして家族を経済的に支え，母親が家庭の家事や育児を担うという，高度経済成長期以降定着したとされる**性別役割分業**の構図も変わりつつあります。この背景には，**男女共同参画社会**をめざして，女性の社会進出が推進されるようになってきたことや，科学技術の進歩によって家事労働に労力がかからなくなってきたこと，産業化が進んだことによって，子どもの教育や食事といった家族の中心的な機能が家庭の外で行われるようになったことなどが挙げられています。

このような家族・家庭のあり方の変化は，家族の凝集性や親密性を低下させるという指摘もある一方で，現代の人々は，家族・家庭の情緒的安定機能をこれまで以上に重視するようになってきているという見方もあります[2)]。統計数理研究所が1953年から5年ごとに実施している調査[3)]では「あなたにとって一番大切と思うものはなんですか」という問いに対し，この50年間で「家族」を挙げる人が45%と増加しており，その次の「生命・健康・自分」を挙げている人の倍以上となっています。また，内閣府が行っている国民生活に関する世論調査[4)]でも，「家庭はどのような意味をもっているか（複数回答可）」という質問に，「家族の団らんの場」が64.2%，「休息・やすらぎの場」が63.8%と高く，以下「家族の絆（きずな）を強める場」55.3%，「親子が共に成長する場」38.4%と続いています。そして2001（平成13）年の調査開始当時から，これらの項目が「子どもを生み，育てる場」「子どもをしつける場」「親の世話をする場」という回答に対して，一貫して上位にきています。

さらに，近年，家族とは選択不可能なもの，解消困難なものではなく，自ら選択するものであるという意識が広がってきているといいます[5)]。自分が家族とみなす範囲（**FI：ファミリーアイデンティティ**）[6)]からは，血縁関係や法的関係，同居の有無とは必ずしも関係しないこと，一方が家族とみなしていても，もう一方からは家族とみなされていない場合もあることがわかります。例えば図2-1-1は，結婚して40年になる60代夫婦（Fさんとその夫）のFIを示していますが，この夫婦は同居しているもののすでに愛情がなく，お互いがお互い

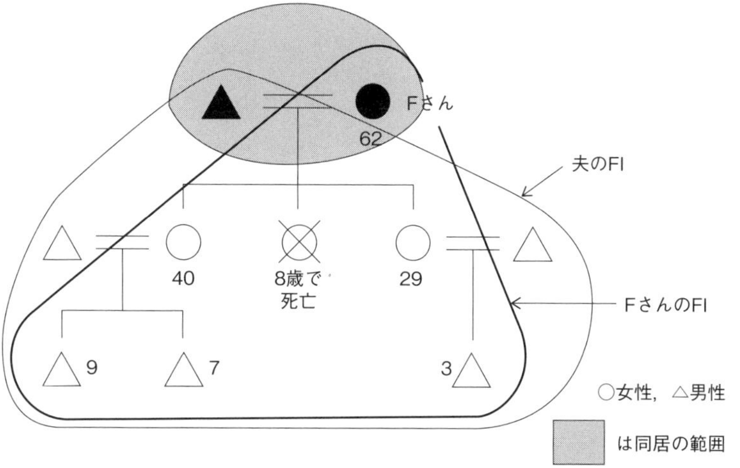

図 2-1-1　ファミリーアイデンティティ（FI）の例（上野，1994）[6]

のFIに入っていません。また，Fさんの FI にはすでに死別している子どもも含め，血縁関係のある自分の子どもとその子ども（孫）が，夫のFIには，それに加えて血縁関係のない自分の子どもの配偶者（義理の子ども）も含まれています。また，別の調査結果では，愛情や交流のない配偶者よりも，愛情込めて育てているペットの方が，より家族とみなされる場合もあることが示されています[7]。

このように，家族・家庭の形態が変わり，家族や家庭というものを一義的に定義することが難しい中で，個人の家族に対する期待や価値観も複雑かつ多様化しています。私たちも，自分を含め，一人一人が経験している家族・家庭のあり方は独自のものであると認識することが必要です。そして，これから保育の現場で出会う子どもたちとその家族・家庭を，自らの固定観念にしばられることなく捉え，サポートする姿勢をもちたいものです。

2. 親子関係・家族関係の理解

これまで見てきたように，現代の家族・家庭のあり方は多様化しているものの，子どもの発達において家族・家庭が重要な役割を果たしていることに変わりはありません。未熟に生まれるヒトは，その自立までの期間，家族・家庭の中で育つわけですが，その際，自らの家族・家庭を選ぶことはできないからです。子どもの発達における家族・家庭の役割，また，親子関係の重要性に関しては古くから注目され，さまざまな研究が行われています。ここでは，子ども家庭支援の視点から有用と思われる理論や概念を紹介していきます。

(1) 発達の相乗的相互作用モデル

多くの親は，そしてもちろん保育者も，子どものためになる関わりをしたいと思っているはずです。しかし，同じような関わりをしても，すべての子どもに同じように響くわけではないというのが子育て，保育の実際です。それは，子どもには子どもの個性があるからです。特に，子どもが生まれもった個性を**気質**と呼びます。この気質が「扱いにくい」場合，例えば，ちょっとしたことでも敏感に反応してぐずりやすい，排泄や睡眠のリズムが整いにくいといった特徴をもっている場合には，親の子どもに対する関わりを難しくし，親の自信や養育への意欲を喪失させてしまうことがあります。これにより，親はますます子どもに関わりづらくなり，子どもは自らが受容されているという感覚をもてず，周囲への基本的信頼感を形成できないことから，その扱いにくい気質的な特徴を強めていってしまい，最終的にはそれが子どもの問題行動として結実してしまうという，**発達的悪循環**が生じる可能性があります。

このように，子ども側の要因と，親を含む，子どもを取り巻く環境要因とが，時間とともに相互に影響しあいながら，徐々に発達が進んでいくと考えるモデルを**相乗的相互作用モデル**と呼びます[8)]。実際，日本で，母親の妊娠期から子どもが10歳になるまで縦断的に行われた調査[9)]では，子どもがもともと扱いにくい気質的特徴をもっている場合に，母親の子どもに対する否定的愛着感（「じゃまな」「わずらわしい」といった感情）は，妊娠期や出産後まもない時期には見られず，子どもとの生活の中で芽生えてくることが示されています（図2-1-2）。

親子の関係であっても，個性をもつ人と人同士の関係です。その意味では，たとえ扱いやすい気質的特徴を子どもがもっていたとしても，育児は葛藤や対立の連続であり，物理的にも精神的にも多大な労力を必要とします。子育てと

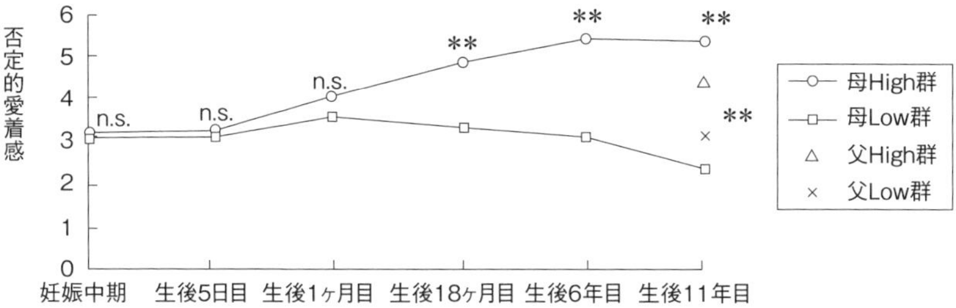

n.s. 有意差なし，$^{*}p<.05$，$^{**}p<.01$

図 2-1-2　親の子どもに対する否定的愛着感の変化：生後 11 年目に外在的な問題行動が多く出現した群（High 群）と出現しなかった群（Low 群）の比較（菅原ら，1999）[9]

は楽しさや喜びを伴うことばかりでなく，苦しみや辛さも伴う，両価的なものであるということを改めて理解し，上記のような発達的悪循環を断ち切れるよう，保育者として，子どもの気質的特徴にも配慮しながら親子関係をサポートしていくことが必要でしょう。

（2）養育のプロセスモデルと夫婦関係

親の子どもに対する関わり，すなわち養育行動には，上記の子どもの気質以外にも複数の要因が複雑に絡まり，影響を与えていることがわかっています。ベルスキー（Belsky, J.）[10] は，これらの要因を，**親要因**（親のパーソナリティや心理的健康度），**子ども要因**（子どもの気質），親子の関係が埋め込まれている**社会文脈的要因**（夫婦関係，親のもつ社会的ネットワーク，仕事）の 3 つに整理し，プロセスモデルを提示しました（図 2-1-3）。

ベルスキーはこの中でも**夫婦関係**が養育行動のサポートシステムとして特に重要であると考えました。そして，その後は，母親が主要な子育ての担い手（**一次的養育者**）になっているという実態から，夫の妻に対するサポートが妻の母親としての不安やストレスを低下させ，結果として子どもの発達にもよい影響を与えるということを明らかにする研究も多数行われるようになりました。

先に紹介した調査[8] でも，10 歳時点で外在的な問題行動の多かった子どもと，生後 6 か月では同じような行動特徴を示していたのに，生後 10 歳では問題行動を示さなかった子どもを比べてみると，子どもが 5 歳時点での母親の父親に対する信頼感や，子どもが 10 歳時点での母親の父親に対する愛情が強いな

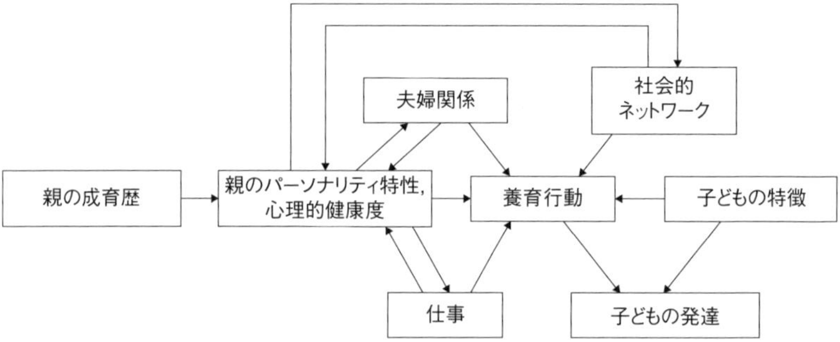

図 2-1-3　養育行動のプロセスモデル（Belsky, 1984[10] をもとに作成）

ど，夫婦関係が良好であることが明らかになっています。また，夫婦関係が良好である（妻から夫，夫から妻への愛情が強い）場合には，家族全員（両親，子ども）が「のびのびできる，ほっとできる」など家庭の居心地のよさを高く評価しており，その居心地のよさが子どもの抑うつ傾向を低めることも明らかにされています[11]。さらに，両親が離婚している場合に子どもの問題行動が生じるという知見はたくさんあるものの，子どもの問題行動の原因は離婚そのものよりも，両親が離婚する以前から存在していた家庭の争いや緊張であるという指摘もあります[12]。このように，夫婦関係は家族・家庭が情緒的安定機能を果たす上でも，子どもの発達にとっても重要な役割をもっているのです。

(3) システムとしての家族

近年，子育てに奮闘する妻をサポートする夫ではなく，自らが子どもの父親として主体的に育児に関わろうとする男性が増えてきています。ところが，母親自身が「子育ては母親がすべきである」という信念をもち，そこに自らのアイデンティティを見出している場合には，父親のこうした育児参加が，むしろ母親の育児不安を高めたり，母親が父親の育児参加を否定したり，阻害したりしてしまうこともあるようです[13]。このことは，家族の中に，同一人物間の関係でありながら，夫婦関係とは異なる**コペアレンティング（coparenting）**[14]という関係が含まれることを意味しています。コペアレンティングとは，子育てに関わる者同士（狭義には父親と母親）が，子育てに関して互いに支え合い，調整し合う関係性のことです。

そして，このコペアレンティングが，夫婦関係や親子関係と関連しあいながら，家族・家庭のあり方，そこでの子どもの発達につながっていくようなのです。もちろん，家族の中にきょうだいや祖父母がいれば，これ以外にも，きょうだい関係，祖父母と孫の関係といったものが加わるでしょう。

このように，家族というシステム（まとまり）はとても複雑で，そこで何か問題が生じても，その原因を１つに特定することは非常に難しいといえます。私たちは，子どもの問題行動に対して「母親の愛情が足りないんだ」などと，原因と結果を直線的に結び付けようとする**直線的因果律**を用いがちです。しかし，原因と結果とが相互に影響し合っているという**円環的因果律**を用いて，子どもの問題に対しても，母親だけでなく，父親，きょうだい，祖父母も含めた関係性の中で捉えていく姿勢が重要です。

さらに，その家族システムは社会や文化というさらに大きなシステムの一部であり，その影響を受けているということについても考慮する必要があります。

ブロンフェンブレンナー（Bronfenbrenner, U.）は，人の発達を取り巻く環境について整理し，**生態学的システムモデル**[15]としてまとめました（図 2-1-4）。

ある保育園児 A ちゃんを例に考えてみると，A ちゃんが直接経験する環境（**マイクロシステム**）は主に家庭と保育園です。この時，マイクロシステム同士，すなわち家庭と保育園は互いに関係し合い，**メゾシステム**として機能しています。例えば，A ちゃんの様子について，家庭と保育園が連絡帳などを通して共有することは，家庭と保育園，各マイクロシステムでの A ちゃんの経験をより豊かにしてくれることでしょう。また，両親の職場は，A ちゃんが直接経験する環境ではありませんが，例えば，父親の職場に，残業が当たり前で，定時で帰りづらいという雰囲気があると，父親の帰宅が遅くなり，A ちゃんが父親と過ごす時間が短くなるなど，間接的に A ちゃんの経験に影響する**エクソシステム**といえます。また，そのような会社の雰囲気をもたらしているのは，長時間労働をよしとする日本社会という**マクロシステム**です。「過労死」という言葉は英語になく「karoshi」として国際的に使用されるようになったそうですが，これは，働きすぎが原因で死亡するという現象がもともと日本社会特有のものであったことを意味しています。普段あまり意識しないかもしれません

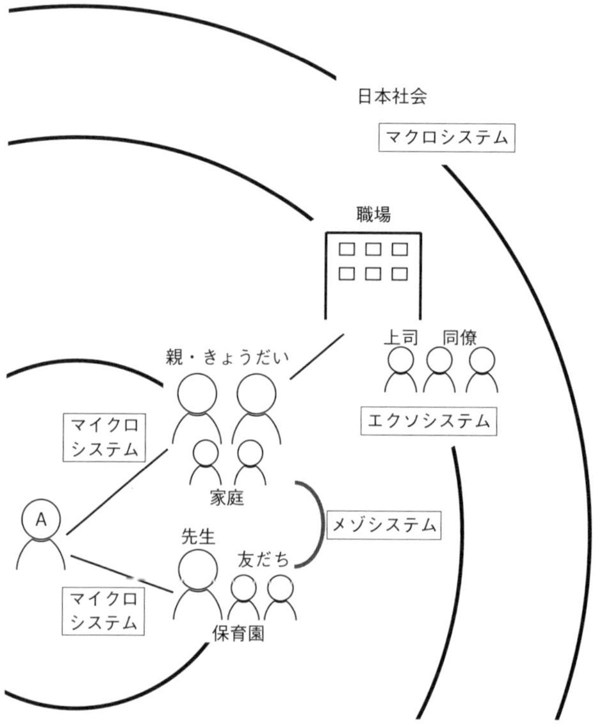

図 2-1-4　生態学的システムモデルの例

が，こうした社会，文化がもつ価値観や信念体系が家族・家庭や親子関係のあり方にも影響しているのです。

なお,「生態学的」とは，個人と環境の相互作用を想定しているということです。すでに見てきたように，発達しつつある子どもがその周囲の環境に影響を与えているという視点も忘れてはいけません。例えば，A ちゃんが小学校に入学することによって，A ちゃんを取り巻くシステムが変化します（**クロノシステム**)。それに伴って，A ちゃんの家族も新たなシステムへの適応が必要になるでしょう。子どもの発達だけでなく，親子関係，家族関係についても，時間的経過ともに変容していくものであるというダイナミックな視点が必要です。

事例　やっぱりお父さんよりお母さん…？

S（30代女性）は，夫と子どもの3人暮らし。頼れる両親は近くにおらず，夫と家事・育児を分担して日々過ごしている。Sの現在の職場は自宅から遠いため，保育園の送迎や子どもの体調不良など緊急時の対応は自宅近くに職場のある夫の役割だ。ところが，保育園からは子どもに何かあると夫ではなくいつもSのところに連絡がくる。夫に連絡してほしいと頼むと，「でもこういう時はやっぱりお父さんよりお母さんがよいと思って。○○ちゃんのために仕事調整できませんか？」と言われると，Sはそれ以上何も言えなくなってしまう。

「どうして？　俺だってちゃんと面倒みられるのに」と不満そうな夫に「もちろん私もそう思うよ」と言いながら，結局子どもに何かあればSが仕事を調整し，帰宅することになるのだった。

コラム　「イクメン」からひとこと

男性の育休が話題になっています。「イクメン」としてがんばっている父親からの次のような鋭い指摘に対してどう思いますか。「保活」とは子どもの保育園さがしのことです。

Aさん：育休を取得し，妻と一緒に育児をし，保活をした。20か所の保育園を見学して回った。なのに，保育園からのメールのあて名は妻の名前だった。「保育園ですら保活は母親がするものという先入観があるのでは？」[16)]

Bさん：子ども3人の保活に携わり，今も2人保育園に通わせている。「お母さんたち，いいですか？」入園式などで園側からの呼びかけはいつも母親。「仕事を調整してきたのに，やっぱりお母さんの世界かという寂しさはある」[16)]

これは保育の現場にいるものから変わらなければいけない重要なことだと思います。逆に保育者の一言が，イクメンを力づけることになることもあるということです。「お父さん，○○くんがパパのチャーハンが大好きと言っていましたよ」

コラム　世界に目を向けてみよう

家族・家庭のあり方は，その社会や文化の影響を受けることは本文中でも述べてきましたが，メイリン・ホプグッド（2014）『こんなにちがう！世界の子育て』（中央公論新社）では，アルゼンチンでは規則的な生活リズムを守るよりも，親子の楽しい時間を共有することの方が重視され，週末や何かイベントがあると，子どもも一緒になって夜更かしをすることや，食に対するこだわりの強いフランスでは，2歳児も幼児食ではなく，大人と同じ本格的な食事を食べ，さまざまな味覚を経験することなど，世界各国の子育て事情が紹介されています。日本人が子どものけんかに対して寛容で，大人が積極的に介入しようとしないことについても，アメリカ人の著者からは驚きをもってとりあげられています。

このように，他の社会や文化について知ること，他の社会や文化から見た日本について知ることは，私たちが子育てや保育をする上での視野を広げ，子育てや保育において大切なことは何であるのかについて，新たな気づきや示唆を与えてくれるでしょう。

考えてみよう

1. あなたにとって「家族」とは誰ですか。また，あなたにとって「家族」の条件とは何でしょうか。
2. 発達的悪循環を回避するために保育者が日常的にできることは何でしょうか。
3. 事例について，あなたはどう考えますか。協力的なコペアレンティングを促すために，保育者ができることを考えてみましょう。

参考書

柏木惠子（編著）（2010）よくわかる家族心理学　ミネルヴァ書房
日本家族心理学会（編）（2019）．家族心理学ハンドブック　金子書房

引用文献

1　厚生労働省（2019）．平成 30 年国民生活基礎調査の概況　https://www.mhlw.go.jp/toukei/saikin/hw/k-tyosa/k-tyosa18/dl/10.pdf（最終確認日：2019 年 9 月 2 日）

2　平木典子（2019）．社会としての家族─社会の内なる家族・家族の内なる社会　日本家族心理学会（編）　家族心理学ハンドブック（pp. 2-9）　金子書房

3　中村　隆・土屋隆裕・前田忠彦（2015）．国民性の研究第 13 次全国調査─2013 年全国調査─　統計数理研究所調査研究リポート No.116

4　内閣府（2019）．国民生活に関する世論調査　https://survey.gov-online.go.jp/r01/r01-life/gairyaku.pdf（最終確認日：2019 年 9 月 2 日）

5　山田昌弘（2004）．家族の個人化　社会学評論，*54*，341-354.

6　上野千鶴子（1994）．近代家族の成立と終焉　岩波書店

7　大野祥子（2001）．「家族である」と判断される度合い　鶴川女子短期大学紀要，*23*，51-62

8　菅原ますみ（2004）．前方向視的研究からみた小児期の行動異常のリスクファクター：発達精神病理学的研究から　精神保健研究，*17*，7-15.

9　菅原ますみ・北村俊則・戸田まり・島　悟・佐藤達哉・向井隆代（1999）．子どもの問題行動の発達：Externalizing な問題傾向に関する生後 11 年間の縦断研究から　発達心理学研究，*10*，32-45.

10　Belsky, J. (1984). The determinants of parenting: A process model. *Child Development, 55,* 83-96.

11　菅原ますみ・八木下暁子・詫摩紀子・小泉智恵・瀬地山葉矢・菅原健介・北村俊則（2002）．夫婦関係と児童期の子どもの抑うつ傾向との関連　教育心理学研究，*50*，129-140.

12　Schaffer, H. R. (1998). 無藤　隆・佐藤恵理子（訳）（2001）．子どもの養育に心理学がいえること─発達と家族環境　新曜社

13　加藤道代・黒澤　泰・神谷哲司（2012）．母親の gatekeeping に関する研究動向と課題：夫婦ペアレンティングの理解のために　東北大学大学院教育学研究科研究年報，*61*，109-126.

14　加藤道代・黒澤　泰・神谷哲司（2014）．コペアレンティング：子育て研究におけるもうひとつの枠組み　東北大学大学院教育学研究科研究年報，*63*，83-102.

15　Bronfenbrenner, U. (1979). 磯貝芳郎・福富　護（訳）（1996）．人間発達の生態学：発達心理学への挑戦　川島書店

16　朝日新聞（2018）．見えたよ　子育ての現実　朝日新聞（東京）　2018 年 3 月 20 日朝刊

D 2 子育ての経験と親としての育ち

人は大人になって子どもが生まれると親になります。親になり子どもを育てていくことによって，一人の人間としてさらに成長していきます。ここでは，親になることで人はどのように変化し成長していくのかを見ていきます。

1. 親としての成長・発達

(1) 妊娠期における変化

人間は10か月もの長い妊娠期間を経て出産します。おなかの中で新しい命を育んでいる妊娠期間は，親になるための準備の期間です。親になる過程でどのような変化があるのか，まず妊娠期における変化を見ていきます。妊娠がわかってもおなかの中の赤ちゃんの存在はすぐには実感できませんが，妊娠16～20週頃になって胎動を感じるようになると，妊婦は感覚的に胎児を感じることができるようになります。胎動とは，妊婦が自身の身体に感じた胎児の動きのことです。胎動を感じ始めても最初の頃は，「もぐら」や「魚」といった人間以外のイメージを持ちますが，胎児の足をイメージできるようになるとそれをきっかけに「人間の赤ちゃん」と思えるようになり，「喜んでいる」とか「怒っている」といった感情の意味づけが行われるようになります[1)]。妊婦は胎動を感じることで赤ちゃんのイメージをふくらませ，ニックネームをつけるなどして胎児と対話し，親になる準備を進めていきます。

では，父親の場合はどうでしょう。妻の妊娠がわかったときの喜び，つわりの時期の何もしてあげられない無力感，出産直前の期待と不安の入り混じった感情など，夫は妻の心身の変化に影響を受けて，複雑な感情を抱きながら妊娠期間を過ごすと考えられています。

小野寺[2]は初めて父親になる男性の意識形成に関する研究で，親になる意識を夫婦間で比較しています。その結果，「一家を支えていくのは自分しかいないと強く感じる」，「よい父親になれると思う」といった項目が父親で高くなっていました。父親はわが子の成長を体で感じることはできませんが，子どもをもつことの責任感は生まれています。

妊娠期の胎児に対する感情を表すことばに**マターナルアタッチメント**があります。マターナルアタッチメントは妊娠経過とともに発達して，出産後の子どもへの愛着へとつながると考えられており，胎動が始まる妊娠中期以降から強くなることがわかっています。これに対して，胎児を含むわが子に対して父親がもつ感情は**パターナルアタッチメント**と呼ばれ，パターナルアタッチメントの発達も妊娠中から始まるとされています。ただし，妊婦のような身体的変化がなく，もともとの育児経験が少ない父親にとっては妊娠期のパターナルアタッチメントは発達しにくいと考えられます。小山[3]によるマターナルアタッチメントとパターナルアタッチメントの発達曲線を図 2-2-1 に示しました。パターナルアタッチメントはマターナルアタッチメントよりも遅れて発達してくることがわかります。

また，この図ではパターナルアタッチメントの発達が一様ではないことが示されています。妊娠後期頃からパターナルアタッチメントが発達し始める父親

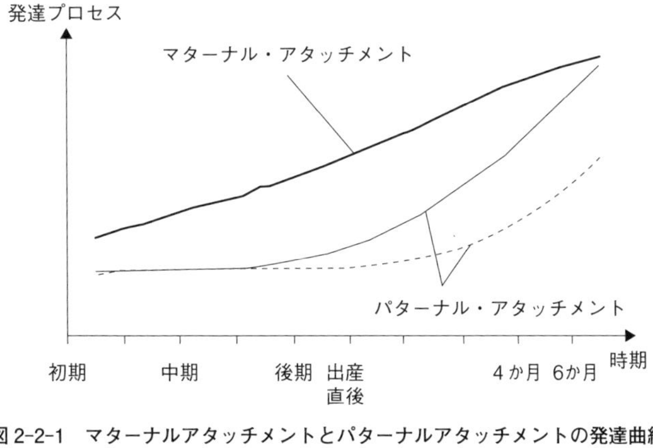

図 2-2-1　マターナルアタッチメントとパターナルアタッチメントの発達曲線
（小山，2011）[3]

の場合は，母親のサポートが関係していると考えられます。母親がサポートして，父親の手を母親のおなかにあてることで父親ははじめて胎動を感じることができますし，パパママ教室に一緒に参加するなどの行動がパターナルアタッチメントの発達に影響を与えるからです。このような母親のサポートがあるケースでは，出産後の父親の育児行動も増えることが予想されます。

(2) 育児期における変化

子どもを育てるということは，予定通りにいかないことの連続です。一生懸命作った離乳食を食べてくれなかったり，出かける準備を整えてさあ出かけようと思ったら子どもがお漏らしをしたり，よかれと思ってしたことが裏目に出てしまうことも多々あります。親にとって育児はかわいいだけではすまないものです。しかし，そうした経験を積むことで親が人間として成長することが明らかになっています。柏木・若松（1994）[4)] は「親となる」ことによって親の人格発達にどのような変化が生じたのかについて，就学前の子どもをもつ親（父親，母親）を対象に質問紙調査を行いました。調査では「親自身がどのような点についてどれほどの変化を認識しているか」を聞いています。その結果，親自身が成長したと感じていることについて次の６つの要因が明らかになりまし

表 2-2-1　親となることによる成長・発達（柏木・若松，1994[4)] より作成）

因子	項目
第Ⅰ因子 柔軟さ	角がとれて丸くなった。考え方が柔軟になった。 他人に対して寛大になった。精神的にタフになった。　など
第Ⅱ因子 自己抑制	他人の迷惑にならないように心がけるようになった。 自分のほしいものなどが我慢できるようになった。　など
第Ⅲ因子 運命・信仰・伝統の受容	物事を運命だと受け入れるようになった。 運や巡りあわせを考えるようになった。　など
第Ⅳ因子 視野の広がり	日本や世界の将来について関心が増した。 環境問題（大気汚染・食品公害など）に関心が増した。　など
第Ⅴ因子 生き甲斐・存在感	生きている張りが増した。長生きしなければと思うようになった。 自分がなくてはならない存在だと思うようになった。　など
第Ⅵ因子 自己の強さ	多少他の人と摩擦があっても自分の主義は通すようになった。 自分の立場や考えはちゃんと主張しなければと思うようになった。 など

た（表 2-2-1 参照）。

親たちは考え方に柔軟性が出て，他人のことも気にかけられるようになり，視野も広がって，一人の人間として成長したと感じています。小さな子どもを育てている人が，「親らしくなった」などと言われることがありますが，親の意識は子育てを通じて変化していきます。

この調査では父親と母親で変化に違いがあることもわかりました。上の表のどの次元においても，母親の方が大きく変化していました。さらに，母親の職業の有無によって比較したところ，職業をもたず育児・家事に専業の母親の方が親になってからの変化が大きいことがわかりました。これらは，子どもとの関わりの多さが関係していると考えられます。また，育児・子どもへの感情でも父親と母親の間で違いがありました。「子どもは分身」だという感情は父親の方が強いことがわかりました。それに対して，育児の負担感や自信のなさ，子どもの存在によって自分の視野や行動が制約されているといった内容を含む「育児による制約感」では，父親の値は大変低くなっていました。育児にあまり関わっていない二次的養育者である父親は，育児に対して肯定的感情が優位を占めていますが母親の場合は肯定的感情を強く持ちながら，一方で育児に対して否定的な感情ももつアンビバレントな心理状況にあるということを示しています。

次に，子どもが生まれることで夫婦関係にどのような変化が生じるのかを見ていきます。多くの研究が，子どもが生まれると夫婦ともに結婚の満足度が低下することを示しています。小野寺[5)]は，親になる前と親になってからの 4 年間にわたって同じ夫婦を縦断的に調査し，どのような変化が起きてくるのかを明らかにしています。結果の中から夫婦関係の「親密性」と「頑固」の得点の変化を表すグラフを図 2-2-2 に示しました。「親密性」とは，夫婦で和気あいあいとした仲であり，お互いに甘えたり，相手がいないとさびしいと感じたりすることを表しています。グラフから，親になると夫婦ともに親密性の得点が低くなっていることがわかります。また，「頑固」とは，相手の失敗や過ちに厳しいことや相手に対して頑固になり，喧嘩をした場合，感情的になることを示しています。グラフから，妻の頑固得点が親になった後に高くなっていることがわかります。これは，妻が母親となって育児にイライラすることが多くなり，

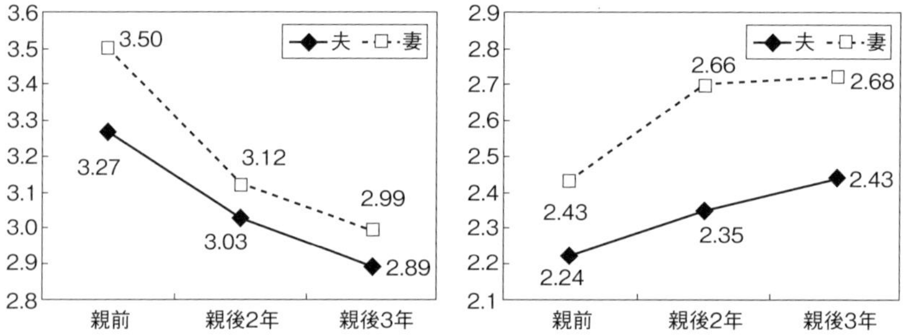

「親密性」尺度得点の変化

*F*値：夫＝8.40***　父親前＞父親後2年，父親後3年
*F*値：妻＝15.96***　母親前＞母親後2年，母親後3年
***p<.001

「頑固」尺度得点の変化

*F*値：夫＝1.51
*F*値：妻＝3.81*　母親前＜母親後2年，母親後3年
*p<.05

図 2-2-2　夫婦関係の変化「親密性」と「頑固」について（小野寺，2005）[5]

夫に対して厳しく対応し，カッとして感情的になってしまうことを示していると考えられます。日本の父親は育児時間が大変短く，二次的養育者の立場になりがちであるため，家事と育児を中心的に担っている母親から厳しい目を向けられることが多いのでしょう。

今の日本では働き方の問題で，父親の育児参加が難しい家庭が多くありますが，父親が育児に参加することはいろいろな面で家族によい影響を与えます。子どもに与える影響では，育児に多く関わっている父親をもつ子どもは社会性が発達していることがわかっています[6]。また，子どもが中学生になった時，父親の家庭関与度（子どもや妻，家族全体に対する絆を父親が深めようとする行動）が高いほど子どもの精神的健康（特に神経症傾向）が良好になることも明らかになっています[7]。母親に与える影響では，父親が育児に関わることで母親の負担感や自己制約感，社会からの疎外感などが低減され，より望ましい育児態度につながります。さらに，父親の育児参加は父親自身にも影響を与えます。「育児休業をとって，周りから角がとれたと言われた」，「世の中の関心の対象が広がった」[8]，「子育てをして初めて親心がわかった。自分の父親との関係が変わり，何でも話し合えるようになった」[9]など，育児に参加することで人間として成長したことを多くの父親が実感しています。このようなメリットがたくさんあるにもかかわらず，父親の育児参加が少ない状況はとても残念なことです。働き方や父親自身の意識の変革に加えて，父親は育児に参加しなくても仕方がないと思っている多くの人々の意識の変革も求められています。

事例　パートナーはイクメン？

私のパートナーは，仕事から早く帰って来た時には，子どもたちをお風呂に入れたり，散歩に連れて行ってくれたりします。熱が出れば病院まで車で送ってくれたりもするのです。これらは複数の子どもたちを育てている私にとっては，とても助かることです。しかし，それらを終えると，子どもの世話をやり終えたとばかりに，寝転んで好きなゲームを始めて夢中になっているのです。お風呂上がりの耳掃除や就寝前の歯ブラシの仕上げも，散歩から帰った後の服に付いた砂を払い落とすことも，熱のために寝汗をかいたパジャマを取り換えてやることもしません。ゲームをやっているパートナーにイラッとする私は，自分の思い通りに育児をやらなければ気が済まないわがままな母親なのでしょうか。子どもの世話をすることは，母親である私がお願いしてやってもらうことなのでしょうか。イクメンとは，どのような父親のことなのでしょうか。私のパートナーは自分のことをイクメンだと思っていますが……。

育児をする男性を「イク（育）メン」といい，2010年の新語・流行語大賞にノミネートされてから脚光を浴びていますが，これからもイクメンは増えていくと思われます。ただ，石井[10)]は「育メン」がいなくなる社会が理想だと言います。つまり，それが当たり前になる社会が理想だということです。育児をしている母親を「育ウーマン」と言わないように，「育児をするのは父親でも当たり前」の社会を築いていくことが大切です。

子どもが生まれることによって，育てられる側であった人が育てる側になるわけですから，心理的に大きな変化が生じます。夫婦関係に加えて自分の親（子どもの祖父母）との関係も変化します。また，社会の中での扱われ方も変わります。多くの親にとって育児は初めての体験であり，親も子どもと一緒に成長していきます。

(3) 愛着の世代間伝達

第1章で触れたように，子どもは親を安全基地として利用することを通して安心・安全の感覚をもち，親に対して愛着を形成します。そして愛着対象である親とのさまざまな経験に基づいて，子どもは内的作業モデルを形成していきます。子どもの愛着について調べる方法には**ストレンジ・シチュエーション法**がありますが，成人の愛着に関する心の状態を調べるには成人愛着面接（Adult Attachment Interview : AAI）[11]が用いられます。AAIでは半構造化された面接場面で，被面接者に児童期の記憶を想起し，それを現在の視点から評価するように求めます。面接中の語りの一貫性に愛着の性質が表れるとされ，自律—安定型，拒絶—不安定型，とらわれ—不安定型，未解決—非体制型，分類不能の５つに分類されます。これらの方法を用いた多くの研究によって，愛着に関する親の心の状態や内省能力（自分自身の心的状態や意図について考え，行動を理解する能力）と乳児の愛着の安定性に相関があることを示す結果が得られています。また，安定した愛着を形成している乳児の母親は感受性が高く応答的であるのに対して，不安定—回避型の乳児の母親は拒絶的であること，不安定—抵抗型の乳児の母親は乳児への反応が乏しく予測不可能であることなどもわかっています。このように，親の愛着に関する心の状態が子どもへの行動を通して乳児に伝達されていくことを**愛着の世代間伝達**といいます。しかし，愛着の世代間伝達にはさまざまな要因が関係しており，単純に結び付けて考えることには問題があり注意が必要です。

2.　子育てに伴う問題と支援

出産により新しい命が誕生することは大変喜ばしいことですが，その大きなイベントを体験することによって心や体に変調をきたすなど，さまざまな問題が生じることもあります。

(1) マタニティブルーズと産後うつ病

マタニティブルーズは出産後急激に女性ホルモンが減少することによって情緒不安定になり，訳もなく涙が出る，不安感や抑うつ感などの精神症状や不眠などを示すことをいいます。出産女性の20～30%に起こり，症状は産後数日のうちに自然に改善されていきますので治療の必要はありません。

マタニティブルーズが産後すぐに見られる一過性の症状であるのに対して，**産後うつ病**は産後３か月頃までに抑うつ症状が現れて，２週間以上持続します。産後うつ病は10～15％の女性に見られ，症状は強い抑うつ感や，自信喪失，不眠，食欲不振などがあり治療が必要です。核家族の場合，出産後病院や実家から自宅に戻るとすぐに育児と家事が始まります。出産の疲れが癒えない中，夜中の授乳による睡眠不足も加わります。母親は自分がしっかり育てなければという責任を重く感じ，小さな赤ちゃんと二人だけで過ごすことに強い孤独感や不安などを感じても，なかなか自分からつらいと言えません。そのため対応が遅れてしまうこともあります。産後うつ病は多くの女性に見られますが，そのまま放っておくと不適切な養育につながりますし，重症化すると自殺や心中にもなりかねませんので注意が必要です。

(2) 育児不安

育児不安とは，親が育児に自信をなくし，育児の相談相手がいない孤立感やなんとなくイライラするなど，育児へのネガティブな感情や育児困難な状態であることをいいます。育児ノイローゼや育児ストレスということばで表されることもあります。

深谷[12]は東京，ソウル，台北，青島，フフホト（モンゴル）の5都市で育児文化に関する国際比較調査を行っています。その結果の中で，子どもが3歳の頃の親の気持ちでは，子育てが楽しいと答えた母親が他の4都市で70～80％であるのに対して，東京だけが約55％でした。また，子育ての担当者が主として本人（母親）と答えたのは東京が最も多く52％で，他の都市では20～30％でした。母親が一人で育児をがんばって疲れてしまい，楽しいと思えなくなっている姿が現れています。これらの調査結果から深谷は，「育児に不慣れな状況＋核家族的で，夫が非協力などの孤立した環境＋育児を数年間担って疲労が蓄積した心理状態」が重なると育児不安が強まると述べています。

柏木[13]は，育児不安は，育児についての不安や悩みだけでなく，育児をしている母親が自分自身の生き方について感じる不安や焦燥が大きな比重を占めているといいます。母でも妻でもない「私」個人として生きている部分がないということです。それは，育児のために仕事を辞めた母親に多く見られます。柏木によると，フルタイムで働いている母親と専業主婦として育児をしている母親の育児に対する気持ちを比較したところ，否定的な感情（いらいらすることが多い，解放されたいなど）は専業主婦の方に多いことがわかりました。思い通りにいかないことの多い育児を一人でこなし，自分の自由な時間がほとんどない毎日を過ごすことは母親にとって大きな負担になります。特に，本当は続けたかった仕事をさまざまな理由であきらめて専業主婦になった母親たちは，夫や仕事を続けている仲間たちが着実にキャリアを積んでいく一方で，毎日子どもの世話だけで終わっていく自分が社会から取り残されたように感じるのだと思われます。

私たち人間は，小さくて弱いものを見ると慈しみ育もうという気持ちになります。この心の働きを**養護性（ナーチュランス）**といいます。養護性は性別に関係ありませんので，父親にも備わっています。また，人間は未熟な状態で生まれ育児期間が他の動物と比べて非常に長期にわたります。これは，育児は一人ではできず，周りの人の助けを借りて初めて成り立つものだということを意味します。子育て中の母親の周りにいるさまざまな個体が子育てに関わり，子育てをシェアするシステムを**アロマザリング**[14]と呼びます。アロマザリングはさまざまな動物種で確認されていて，ヒトにおいても見られる行動です。昔の日本では一人の子どもに仮親，乳づけ親，名づけ親などたくさんの人が関わり，見守ってきました。親族や隣近所の人が小さい子どもの面倒を見てくれることもありました。今はそのシステムが失われ，核家族で社会から孤立した子育てが増えています（孤育てともいわれます）。小さな赤ちゃんと二人きりで一日を過ごし，夫が帰宅するまで誰とも口を利かない。育児のことで相談する相手もいない。そんな状態では楽しく育児をすることは困難です。

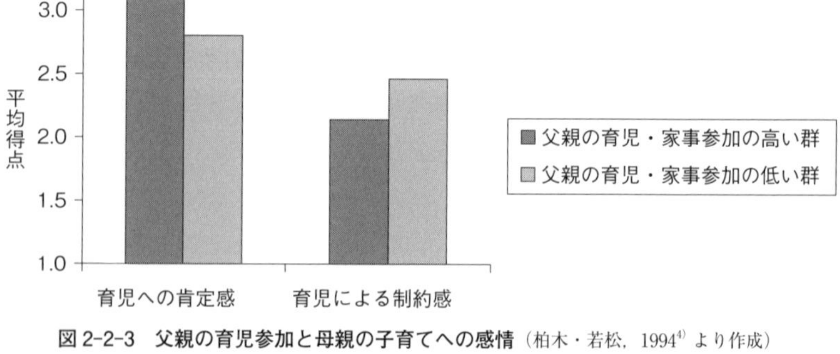

図 2-2-3　父親の育児参加と母親の子育てへの感情（柏木・若松，1994[4] より作成）

この状況を改善するには，父親の育児参加を増やすことが必要です。詳しくは次の章で説明しますが，日本の父親の育児時間は他の国に比べて著しく短く，育児不安を引き起こす原因の1つとなっています。図2-2-3のグラフは父親の育児参加が多い群では母親の育児への肯定感が高く，逆に制約感（子育ての否定感情）が低くなることを示しています[4)]。母親の育児に対する不安や制約感は父親の育児参加によって軽くなることがわかります。

(3) 虐　待

慣れない育児で不安になり，自分の時間がもてなくてイライラすることはほとんどの親が経験していますので，育児不安は特別なことではありません。しかし，その状態が長く続くと子どもがかわいいと思えなくなったり，子どものすることに悪意を感じたりするようになります。そして，子どもをたたく，暴言を浴びせる，必要な世話をしないという行動，つまり虐待につながることがあります。虐待に至る前に，親のSOSを察知して支援することが望まれます。虐待については第3章第5節で詳しく説明します。

(4) さまざまな支援

核家族化や少子化の影響で，赤ちゃんを身近で見たり，赤ちゃんと遊んだりすることなく大人になる人が増えました。こうした育児経験の少なさは育児不安につながりますから，親になる前に少しでも赤ちゃんに接する機会をもとうというプログラムが行われています。寺田[15)]は中学校の生徒を対象に「赤ちゃんとのふれあい授業」を行い，1回の授業でも赤ちゃんへの興味，お世話をすることの楽しさ，親になる楽しみなど**親準備性**（親になるための心理的な準備状態）に関係する項目の得点が，男女ともに高くなることを示しています。

保健所では出産を控えた親に対してパパママ学級が開かれ，育児指導が行われています。また，出産前の母親面接や出産後の新生児訪問も行い，母親の不安などをできるだけ早く察知し支援に結びつける努力が続けられています。子育て中の親への支援にはNobody's Perfect（ノーバディーズ・パーフェクト）があります[16)]。名前の通り，誰も完璧ではないのであり，親としての経験を積みながら成長していけるように支援しています。発達障害などの子どもをもつ親に対しては，ペアレントトレーニング[17]の講習も行われています。子どもの行動のうち好ましい行動を増やし，好ましくない行動を減らすための技術を親が学ぶことで，子育てのストレスを減らすことを目的としています。

この他に，子育てサロンや育児サークルの活動もさかんになっており，ワンオペ育児で疲れた人，転勤族で孤独を感じていた人などの居場所としてたくさんの子育て中の母親たちを地域で支えています[18]。

コラム　群れたいゴリラ

「群れたいゴリラ」――新聞（2013年11月2日，日経新聞）にこんな興味深いタイトルを見つけました。ゴリラはとても繊細でストレスに弱く，母親になったモモコは自分や赤ちゃんの毛をむしり，交尾もしなくなりました。危機感を抱いた上野動物園では飼育方法の改善に着手。餌と運動の見直しで肥満を解消し，夜も一頭ずつの部屋ではなく群れの中で過ごすようにしたところ，モモコはまた半年後に子づくりを始め，無事モモカを出産したそうです。

飼育員さんの「群れで過ごすことで精神的に安定したことで，子づくりに前向きになったのであろう」「他のメスも出産時にどうすればいいか学べたはず」という言葉，人間社会にも通じるものがあるように思いますが，いかがでしょうか。

考えてみよう

1. 父親が子育てに参加することのメリットを多くの人に知ってもらうには，どうすればよいでしょうか。
2. 赤ちゃんと接したことがなく，子育てに不安を感じている親に対して，保育者としてどのような働きかけができるでしょうか。

参考書

平木典子・柏木惠子（編）(2015)．日本の親子―不安・怒りからあらたな関係の創造へ

金子書房

引用文献

1　岡本依子・菅野幸恵（編）（2008）．親と子の発達心理学—縦断研究法のエッセンス　新曜社
2　小野寺敦子（2014）．親と子の生涯発達心理学　勁草書房
3　小山里織（2011）．成人期以降　氏家達夫・高濱裕子（編）　親子関係の生涯発達心理学（pp. 94-109）　風間書房
4　柏木惠子・若松素子（1994）．「親となる」ことによる人格発達：生涯発達的視点から親を研究する試み　発達心理学研究，*5*，72-83
5　小野寺敦子（2005）．親になることにともなう夫婦関係の変化　発達心理学研究，*16*，15-25.
6　加藤邦子・牧野カツコ・土谷みち子（2002）．父親の育児かかわり及び母親の育児不安が3歳児の社会性に及ぼす影響：社会的背景の異なる2つのコホート比較から　発達心理学研究，*13*，30-41.
7　平山聡子（2001）．中学生の精神的健康とその父親の家庭関与との関連：父母評定の一致度からの検討　発達心理学研究，*12*，99-102.
8　子どもと育つ　2009年10月13日　日経新聞夕刊11面
9　子どもと育つ　2009年4月14日　日経新聞夕刊9面
10　石井クンツ昌子（2017）．「育メン」とは何か—父親の育児参加の意味を探る—　別冊発達，*33*，14-19.
11　Prior, V., & Danya, G. (2006). 加藤和生（監訳）（2008）．愛着と愛着障害　北大路書房
12　深谷昌志（編）（2008）．育児不安の国際比較　学文社
13　柏木惠子（2013）．おとなが育つ条件—発達心理学から考える　岩波書店
14　根ケ山光一（2015）．ヒトの親子の特質と日本の子育て　平木典子・柏木惠子（編）　日本の親子—不安・怒りからあらたな関係の創造へ（pp.2-20）　金子書房
15　寺田清美・中舘慈子・富山大士・岩久由香（2019）．中学生を対象とした「赤ちゃんふれあい授業」の効果に関する検討　日本保育学会第72回大会発表論文集
16　原田正文（2019）．NP（Nobody's Perfect）の基本的な考え方と内容　保健師ジャーナル，*75*，293-296.
17　岩坂英巳（編）（2012）．困っている子をほめて育てるペアレントトレーニング・ガイドブック—活用のポイントと実践例—　じほう
18　内海千津子（2019）．子育てママたちからのSOS—産後うつで死なせない！ひとりひとりに寄り添う地域サロンの挑戦—　ほっこり～の出版部

3 子育て家庭に関する現状と課題

子育て家庭をめぐる社会的状況は大きく変化し，女性の生き方も多様化しています。この章では，さまざまな家庭の抱える課題を知り，それぞれのニーズにあった支援を考えていきます。

1 子育てを取り巻く社会的状況

子育てはその国の文化や社会情勢と密接に関係しており，さまざまな影響を受けています。内閣府の国際意識調査（平成27年）[1]によれば，子育てについて日本をはじめとした4か国の20歳～49歳までの男女に聞いたところ，「自国が子どもを産み育てやすい国だと思うか」という質問の結果は図3-1-1の通りでした。自国が子どもを産み育てやすい国だと思う人の割合は，日本は46.6％で，スウェーデン97.9％，フランス70.6％，イギリス70.3％に比べてかなり低く，しかも「そう思わない」（52.0％）が前回の調査から6.5ポイント増加しています。

なぜ子育て世代が日本を子育てしやすい国だと感じられなくなっているのか，子育て家庭を取り巻く社会的状況から考えていきましょう。

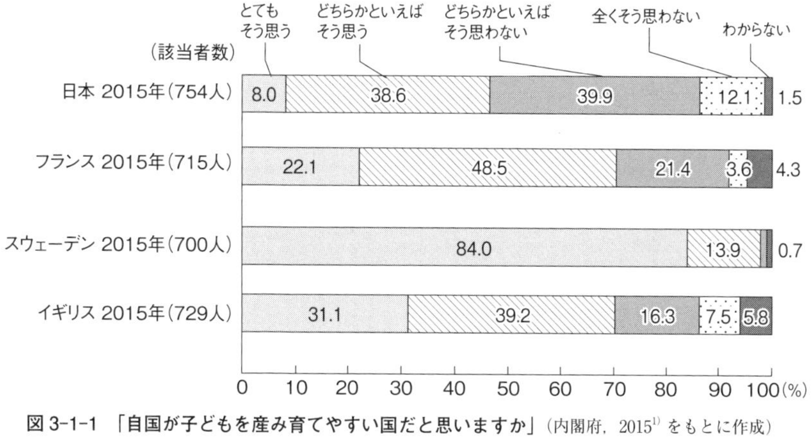

図3-1-1 「自国が子どもを産み育てやすい国だと思いますか」（内閣府，2015[1]をもとに作成）

1. 少子高齢化社会

(1) 少子化の進行

日本の急速な少子化の進行は，子育てにも大きな影響を及ぼしています。図 3-1-2[2] が示すように，第 2 次世界大戦が終了した 1945 年からの数十年間に，出生数は約 270 万人から約 100 万人に，**合計特殊出生率**（一人の女性が一生の間に産む子どもの数の平均）も 4 以上から最近は 1.4 台になっています。この数値は，出生率が高いアジア圏ではシンガポール 1.2，韓国 1.3 についで低く，出生率が全体的に低い欧米諸国と比較してもスペイン，ポルトガルの 1.3 についで低いことがわかります。人口を維持するためには合計特殊出生率 2.08 が必要といわれているため，日本の人口は，このままいくと 2050 年頃には 8,000 万人程度まで減り，65 歳以上が 5 人に 2 人になると予想されています。

少子化の原因は**未婚化**や**晩婚化**といわれますが，内閣府の調査[1] では，日本は結婚志向が高いにもかかわらず，出会いの問題と経済的問題で未婚化が進んでいることがわかりました。つまり，「適当な相手に巡り合わない」「経済的に余裕がない」という理由で結婚しない人が多いのです。

また，日本では理想の子どもの人数より実際は人数が少ないという現状があ

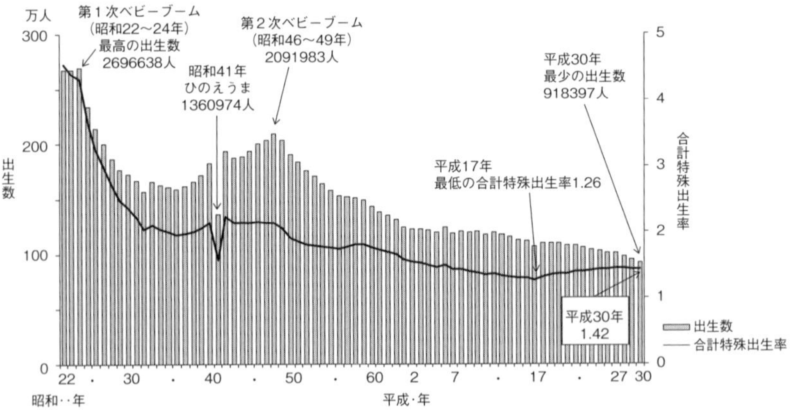

図 3-1-2　出生数及び合計特殊出生率の推移（厚生労働省，2018）[2]

ります（図 3-1-3）。その理由として最も多いのは，「子育てや教育にお金がかかる」という経済的理由で，次に「自分または配偶者が高年齢である」という高齢出産の問題，その他に「子どもがほしいけれど妊娠しない」という不妊の問題，そして「仕事と育児の両立困難」が挙げられています。これは「あと一人がほしいけれど産めない」という問題であり，晩婚化や出産の高齢化，不妊の増加，仕事と育児の両立困難という，今の日本の抱える課題です。

（2）少子化の影響

少子化は，「少ない子どもを大切に育てよう」という親の意識の高まりにつながり，ともすれば過保護や過干渉を招きやすいという側面があります。できるだけ苦労をせずに，効率よく子どもを「よいルート」に乗せたいという気持ちが，子どもの自主性や意欲を奪ってしまい，結果的に青年期に家庭内暴力などをひきおこすこともあります。

一方，少子化は子どもにとっては社会性が育ちにくい環境といえます。きょうだいが少ないだけでなく，きょうだいの友だちと遊ぶことによって異年齢の子どもとの付き合い方を学ぶという機会が減ってしまうからです。さらに，対

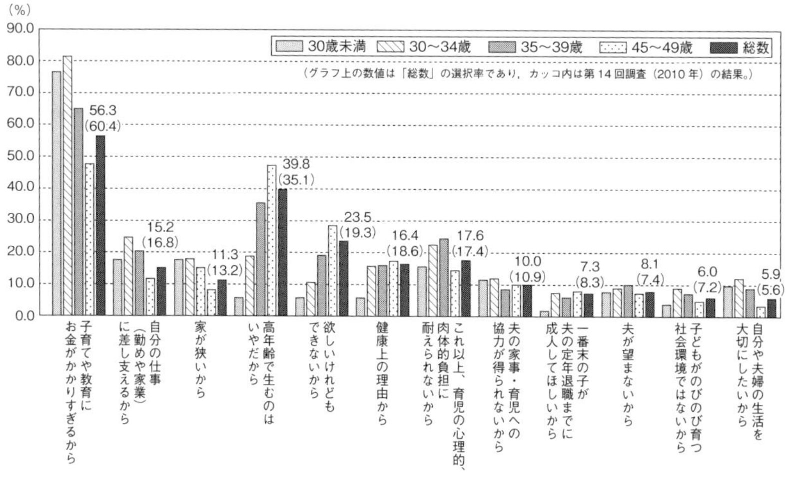

注）対象は予定子ども数が理想子ども数を下回る初婚どうしの夫婦。予定子ども数が理想子ども数を下回る夫婦の割合は 30.3%。

図 3-1-3 妻の年齢別に見た，理想の子ども数を持たない理由（国立社会保障・人口問題研究所，2015）[3]

人関係の苦手さは，母親になってから子どもを公園などに連れて行く公園デビューの難しさや，ママ友がいないという孤立感にもつながり，その結果，その子どもは幼稚園に行くまで同年齢の子どもと遊ぶ機会がないということになりかねません。

事例　お友だちと遊ぶことを教えてください！

きれいな洋服を着た3歳の女児を連れた，少し無表情な母親が，保育所の一時保育に来ました。有名私立幼稚園に入園させたいと幼児教室に通って，完璧に準備をしたのに，なんと当日同年齢の男児女児を見たら，怖がって全く実力を出せずに失敗してしまったのだそうです。「ですから，ここでお友だちと遊ぶことを教えてください！」

子どもは1歳半くらいになると友だちに関心が出てくるので，同じ空間にいれば自然と慣れて遊び始めます。経験すべき事柄の順番が逆だったことに保護者が後で気づいた例です。

さらに少子化は，**親準備性**が育たないという状況をもたらします。赤ちゃんと触れ合ったり子育ての知恵を身に付ける機会が少なく，乳幼児との関わり方がわからないという**育児不安**にもつながっていきます。原田[4]の育児不安に関する調査によれば，1980年と2003年の23年間の間に，自分には育児経験が「なかった」という親が39%から56%に増加しており，接触経験すら「なかった」という親も15%から26.9%に増えています。原田は「現代の子育ての困難さの大きな要因は，日本の親たちが子どもを育てるための準備をまったくしないまま親になってしまったことである」と述べています。この傾向は今後ますます強まる可能性があります。

表3-1-1は「親になる前に子育てについてどのような学習や経験をしたか」の国際調査です。日本や韓国の親は，親になる前に子どもの世話をした経験がなく育児書に頼りがちです。一方他の国ではきょうだいや親せき，近所の子どものお世話を経験しているところに大きな違いが見られます。育児書に頼りがちな親は，「マニュアル育児」に陥り，マニュアル通りに育たないことに不安になります。また情報化社会では情報が氾濫しすぎて，何を基準に選択してよいのか，何が正しいのかわからないという不安も強くなります。

表 3-1-1 「親になる前に子育てについてどのような学習や経験をしたか」の国際調査 (松本ら，2017)[5)]

	日本	韓国	タイ	アメリカ	フランス	スウェーデン
第１位	育児の本を読んだ 29.9	育児の本を読んだ 25.0	親戚や知人の子どもの世話 35.1	親から教えてもらった 54.6	小さい弟や妹の世話をした 28.1	親戚や知人の子どもの世話 38.8
第２位	親から教えてもらった 29.4	テレビなどで学んだ 14.8	小さい弟や妹の世話をした 32.4	親戚や知人の子どもの世話 39.2	親から教えてもらった 27.4	親から教えてもらった 38.7
第３位	親戚や知人の子どもの世話 28.6	親戚や知人の子どもの世話 14.2	親から教えてもらった 23.1	よその家のベビーシッター 37.7	親戚や知人の子どもの世話 19.3	よその家のベビーシッター 36.5
第４位	小さい弟や妹の世話をした 18.2	親から教えてもらった 11.2	育児の本を読んだ 11.4	小さい弟や妹の世話をした 36.0	よその家のベビーシッター 18.8	小さい弟や妹の世話をした 31.7
第５位	テレビなどで学んだ 11.3	学校の授業で学んだ 5.7	テレビなどで学んだ 8.0	育児の本を読んだ 25.5	育児の本を読んだ 15.5	育児の本を読んだ 31.1
第６位	地域の学級・講座に参加 10.9	小さい弟や妹の世話をした 4.9	よその家のベビーシッター 5.0	学校の授業で学んだ 13.2	テレビなどで学んだ 6.3	地域の学級・講座に参加 19.8
第７位	学校の授業で学んだ 6.6	地域の学級・講座に参加 3.4	学校の授業で学んだ 1.0	地域の学級・講座に参加 11.4	学校の授業で学んだ 4.2	学校の授業で学んだ 19.3
第８位	よその家のベビーシッター 1.4	よその家のベビーシッター 0.9	地域の学級・講座に参加 0.6	テレビなどで学んだ 10.8	地域の学級・講座に参加 2.0	テレビなどで学んだ 11.2
平均回答項目数	1.36	0.8	1.17	2.28	1.21	2.27

%

事例　頼もしいパパ

４人兄弟の長男のＡさんと一人っ子の女性Ｏさんが結婚し，赤ちゃんが生まれました。おろおろする新米ママに対し，パパは慣れた手つきでおむつを替えたり，あやしたり……。頼もしい限りです。

(3) 高齢化の影響

母親の高齢出産が増えるに伴い，祖父母世代の高齢化も進みます。これまで日本では多かった里帰り出産や産後の手伝い・保育園の送り迎えなどに祖父母の力を借りることが難しくなっています。さらに，高齢の親の介護と育児のダブルケアの問題もでてきています。10人に1人が産後うつ病となり，産後の母親の自殺が増えていることからも，産後のサポート体制の充実が急がれます(第3章第4節参照)。

事例　おばあちゃんはたいへん！

バリバリのキャリアウーマンである40歳の娘が妊娠し，孫が生まれることになりました。迷う娘に産むことを勧めたおばあちゃんは，1年間の育児休暇が明けた日から，毎日保育園にお迎えにやってきます。おばあちゃんの自宅は電車で2時間以上かかるところにあるため，平日は娘のうちに来て家事と育児の手伝いをし，週末はおじいちゃんのいる自宅に帰るという生活をしているのだそうです。この生活は孫が3歳になるまで続きました。

2. 家族の変容

農業などの第1次産業が中心であった時代，祖父母・父母・孫の3世代同居や，叔父叔母も同居しているような大人数の家族が主流でした。

しかし，その後1960年以降高度成長期に入り，第3次産業が盛んな大都市に「金の卵」と呼ばれる若年労働者が流入し，結婚して団地に住む**核家族**が増えました。そこでは，「父親は仕事，母親は家庭」という**性別役割分業**の考え方が定着し，サラリーマンである父親と専業主婦である母親と子ども二人という典型的な家族のモデルができあがりました。1960年代～1980年代にかけて核家族が急増しています（図3-1-4)。

しかしその後1990年頃から家族構成に変化がでてきます。核家族の数は横ばいになり，代わりに一人暮らしの**単独世帯**が急増します。一方，夫婦のみの世帯とひとり親家庭が少しずつ確実に増えています。ちょうどこの頃，共働き世帯の数が片働き世帯（専業主婦家庭）の数を上回ります（図3-1-5)。

家庭の変容により，夫婦にかかる子育ての負担は大きくなりました。最近，

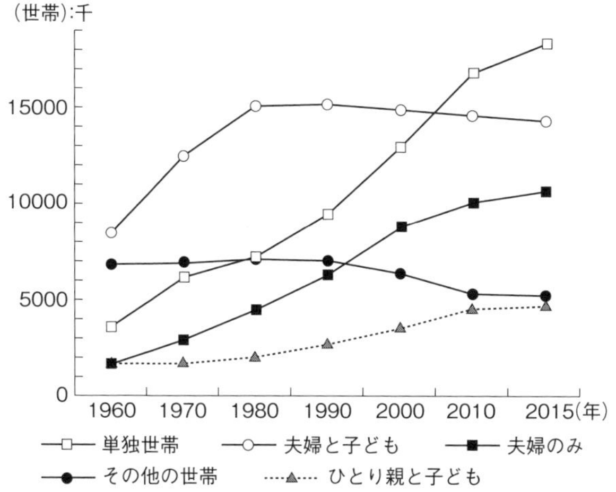

図 3-1-4　家族類型別世帯数の変化（松本ら，2017）[5)]

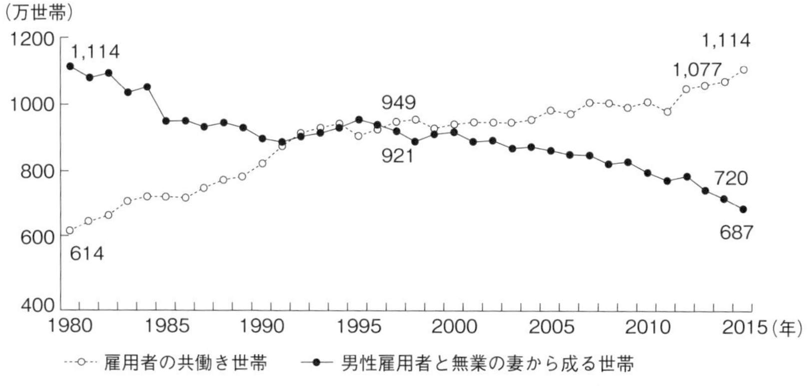

図 3-1-5　共働き世帯数の推移（内閣府，2016）[6)]

遅く帰宅する夫に頼らず一人で育児・家事をすべてこなす妻の**ワンオペ育児**という言葉が共感を呼んでいます。この背景には，日本における男性の家事育児時間の少なさがあります。図 3-1-6 は男性の家事育児時間の国際比較です。日本の男性が一日に家事育児に費やすのは 1 時間 23 分で，そのうち育児時間は 49 分と最も短くなっており，その分，母親の家事育児時間が多くなっているのがわかります。

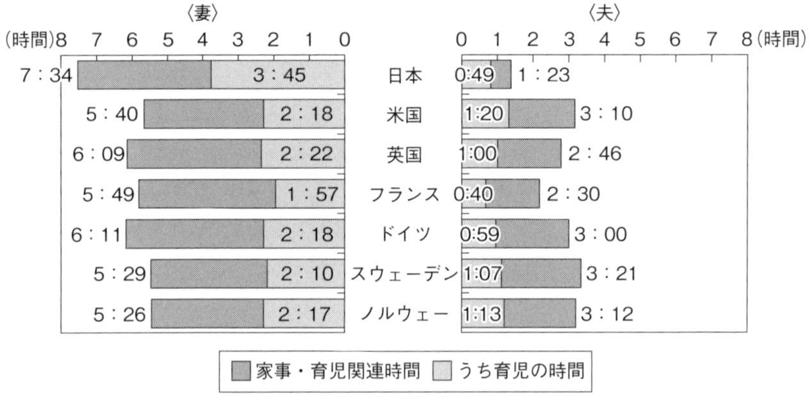

注）日本の値は，「夫婦と子供の世帯」に限定した夫と妻の 1 日当たりの「家事」，「介護・看護」，「育児」及び「買い物」の合計時間（週全体平均）。

図 3-1-6　6 歳未満の子どもを持つ夫婦の家事・育児関連時間（1 日当たり，国際比較）（内閣府，2018）[7)]

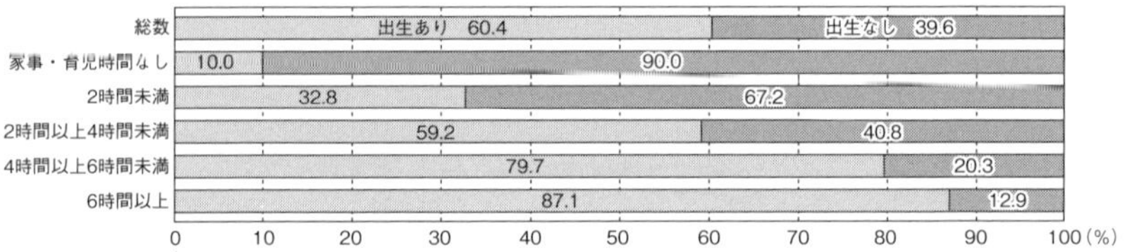

注）1. 集計対象は，①または②に該当し，かつ③に該当する同居夫婦である。ただし，妻の「出生前データ」が得られていない夫婦は除く。
①第 1 回調査から第 14 回調査まで双方から回答を得られている夫婦
②第 1 回調査時に独身で第 13 回調査までの間に結婚し，結婚後第 14 回調査まで双方から回答を得られている夫婦
③出生前調査時に子供 1 人以上ありの夫婦
2. 家事・育児時間は，「出生あり」は出生前調査時の，「出生なし」は第 13 回調査時の状況である。
3. 13 年間で 2 人以上出生ありの場合は，末子について計上している。
4.「総数」には，家事・育児時間不詳を含む。

図 3-1-7　夫の休日の家事・育児時間別にみた，第 2 子以降の出生の状況（内閣府，2017）[8)]

一方，図 3-1-7 からわかるように，夫の休日の家事育児時間が長いほど，第 2 子以降の出生割合が高まる傾向があります。このことから，少子化対策には男性の育児・家事への関与は必須といえるでしょう。しかしながら，日本ではまだ「子どもの育児は主に妻が行い，夫も手伝う」という意識が強く，スウェーデンやイギリスのように「妻も夫も同じように行う」という意識は高くないのは，**性別役割分業**の意識が関係していると思われます。

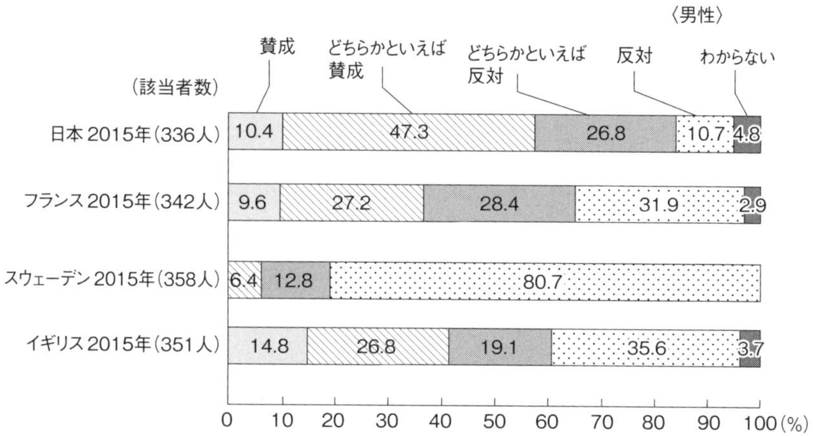

図 3-1-8　「夫は外で働き，妻は家庭を守るべきである」という考え方〈男性〉（(内閣府，2015）[1] をもとに作成）

「夫は外で働き，妻は家庭を守るべきである」という伝統的な考え方を，**性別役割分業**といいます。図 3-1-8 でわかるように，日本では，性別役割分業に「賛成」「どちらかと言えば賛成」の合計が，男性で 57.7%，女性で 56.7%です。ただ前回より，男性の賛成の割合が減少しているということは，男性の意識改革が進んでいるからでしょう。他の国では性別役割分業に「反対」が半数を超え，スウェーデンでは 9 割以上が反対です。日本では家庭における父親の役割として「働いて生活費を得ること」が「子どもの世話をすること」より重視されており，母親が父親にしてほしい育児行為も入浴や遊び相手などとなっています。

男性の育児参加を促すには，男性の長時間労働を減らすこと，男性の育児休業などの活用を推進することが必要ですが，制度はあっても活用されていないのが現状です。その背景には，育児休暇を取りづらい職場環境や，キャリアに与えるダメージを懸念する意識があるようです。

3．地域の変容

家族の変容とともに地域も変わってきています。以前は地域のつながりが強く，「困った時はお互い様」と隣近所が声を掛け合う協力的な関係がありましたが，都市化とともに住宅事情も変化し，人間関係が希薄になってきました。また最近は，高層マンションに子育て家庭が住むことが増えてきていますが，特に高層階では，安全面や健康面だけでなく，母子密着育児や孤立化が懸念されます。自然や子どもの遊び場も少なくなり，子どもは戸外より家の中でゲームをするなど遊び方も変わってきました。高い所を怖いと思わない子どもが転落するなど，今までにない危険も問題になっています。

また，隣近所の関係が希薄になり，「子どもの声がうるさい」などの苦情によるトラブルが増えたり，子どもや子育てに対して寛容でない社会への懸念も高まっています。児童虐待相談対応件数は急増していますが，虐待通報に関しては下記の事例のように子育て家庭に新たな不安をもたらしています。

事例　虐待通報されないか不安

1歳半の健診で，虫歯が多い子どもの親に歯磨きについて質問した保健師は，理由を聞いてびっくりしました。「歯磨きをすると大泣きをするので，近所の人に虐待通報されるのがこわくて，歯磨きができないのです」

事例　日本の社会は子どもにやさしくない！

ニューヨークで2人の子どもを産み育てたCさんは，日本に帰ってきて3人目の子どもを産みました。子どもをベビーカーにのせて出かける時，ニューヨークでは周りが助けてくれたのに，日本ではむしろ迷惑そうな視線を感じ，子育て家庭に優しくないと痛感しています。

4. まとめと課題

ここまでさまざまな社会的状況を概観して，日本の子育てにはいろいろな問題・課題があることがわかりました。子育ての「不安感」「孤独感」「負担感」が，子育てをしている世代に大きくのしかかり，悲鳴を上げている状況が見えてきました。この待ったなしの現状を少しでも打開するために，「子育てをみんなで支える」「生活にゆとりをもつ，**ワーク・ライフ・バランス（仕事と生活**

の調和)」の方向性のもとに，何ができるかを考えていかなくてはなりません。

コラム　「赤ちゃん縁組」を知っていますか？

「赤ちゃん縁組」について広く知られるようになったのは，NHK ETV特集「小さき命のバトン」[9] という番組でした。赤ちゃんポスト「こうのとりのゆりかご」で知られる熊本の慈恵病院では，中高生の妊娠や性暴力被害による妊娠などの「予期せぬ妊娠」をした女性の電話相談を，8年間で8,000件も受けてきたそうです。そこで慈恵病院では，そのような女性たちの悩みに寄り添い相談にのり，出産と同時に，子どもが授からなかった夫婦などに託す「赤ちゃん縁組」に取り組んで，すでに200組の新しい家族が誕生したそうです。

「赤ちゃん縁組」のメリットは，妊娠した女性は出産をすることによって命のバトンをつないだということで自責の念が軽減されること，新生児のため愛着形成がしやすいこと，生まれた赤ちゃんは，特に問題がなければ引き取った夫婦が名づけをして戸籍上実子にすることができることなどがあると思います。

人口妊娠中絶が多く，児童虐待が増加し続ける日本の現状に一石を投じる取り組みといえるでしょう。

考えてみよう

1. 今の日本では，理想の子どもの数より実際の子どもの数が少ない現状があります。政府は，子育て家庭が希望する人数の子どもが産める社会を目指して，合計特殊出生率1.8を目標にしています。
   ①合計特殊出生率が1.8の場合，日本の人口はどうなりますか。
   ②子どもを産み育てやすい社会を目指して，あと一人産みたいと思った時に何が必要か，話し合ってみましょう。
2. 「性別役割分業」の考え方についてあなたはどう思いますか。自分の育った環境はどうでしたか，また自分が家庭をもったらどうしたいと思いますか。

引用文献

1　内閣府（2015）．少子化社会に関する国際意識調査（平成27年）

2　厚生労働省（2018）．人口動態統計

3　国立社会保障・人口問題研究所（2015）．第15回出生動向基本調査（夫婦調査）

4　原田正文（2006）．子育ての変貌と次世代育成支援：兵庫レポートに見る子育て現場と子どもの虐待防止　名古屋大学出版会

5　松本園子・永田陽子・福川須美・堀口美智子（2017）．実践 家庭支援論　ななみ書房

6　内閣府（2016）．男女共同参画白書　平成28年版

7　内閣府（2018）．男女共同参画白書　平成30年版

8　内閣府（2017）．平成29年版少子化社会対策白書

9　NHK（2015）．ETV特集「小さき命のバトン」　http://www.nhk.or.jp/etv21c/file/2015/0425.html

プレゼント

D2 ライフコースと仕事・子育て

1. ライフコースの多様化

事例　結婚をためらう

A子は27歳。大学を出て会社員として働き，5年になる。恋人はいるが結婚に踏み切れないでいる。仕事が面白くなってきたので，ここで仕事を辞めることは考えられない。しかし，結婚して仕事と家事だけならなんとかできても，子どもができたら仕事を続けるのは無理だと思う。保育所に入れるのも難しいし，たとえ預けることができたとしても，多忙な日々が待っているだろう。彼は家事育児を手伝うと言っているが，会社ではいつも残業しているので，あまり期待できない。また，子どもができたらきっと子どもはかわいいだろうから，育児に専念したいという気持ちになるのではないかと思う。

この事例のA子の悩みについて，20，30代の女性なら共感できる人も多いでしょう。昔なら当然のように，結婚して子どもを産んで一生を送るという一般的な**ライフサイクル**があり，悩むことはあまりありませんでした。しかし価値観の多様化に伴い，女性の**ライフコース**も多様化しています。仕事をするかしないか，結婚をするかしないか，子どもをもつかもたないか，仕事を続けるか辞めるか，再就職するかしないか，フルタイムかパートか等々，人生の節目において何回も選択を迫られます。また，人生100年時代といわれるように長寿になり，離婚や再婚も多くなり，ライフコースはさらに複雑になっています。自由に選択できることは，選択が許されない時代や社会より恵まれていることは確かですが，その分悩み，選択に責任を感じることになります。一方男性のライフコースは昔とあまり変わりなく，女性ほど多様ではありません。

2. 女性のライフコース

現代女性のライフコースを，結婚するかしないか，子どもをもつかもたないか，結婚・出産で仕事を辞めるか続けるか，再就職をするかしないかで，大きく分けると，主に下記のような5つのコースが考えられます（第1章第3節参照）。

①仕事をもって一生結婚しない〈独身就労コース〉
②結婚するが，子どもをもたないで仕事を続ける〈子どもをもたない夫婦DINKS（ダブルインカムノーキッズ）コース〉
③結婚・出産で退職し，再就職しない〈専業主婦コース〉
④結婚・出産で退職し，再就職する〈再就職コース〉
⑤結婚・出産後も仕事を続ける〈両立コース〉

事例　気がついたら40代
仕事が好きで気がついたら40代になっていました。別に結婚をしないと決めていたわけではなく，したいと思う人に巡り合わなかっただけです。卵子は20代で凍結保存してあるので，もし結婚して子どもが欲しくなったらいつでも子どもをもてるのですが，高齢の子育ては大変そうですね。

昔のように，「結婚適齢期」を気にする人は少なくなりましたが，女性の場合「生殖適齢期」がやはり大きくのしかかってきます。それを解決したのが卵子の凍結保存です。ただ卵子を凍結したのでいつでも出産できるという安心感から結婚を急がなくなるという，皮肉な現象も起きているようです。

事例　子どものいない人生
子どもが欲しくて不妊治療をしていたのですが，できなくて40歳を機にやめました。今は「子どものいない人生」を夫婦で考え始めました。寂しい気持ちもありますが，まだ養子までは考えていません。

子どものいない夫婦の場合，事例のように子どもが欲しいが不妊であきらめた場合と，夫婦の意志で子どもをもたないという選択をする場合があります。

その理由として，病気や障害がある場合や，高齢の場合，その夫婦の子育て観や人生観などがあります。

事例 専業主婦を選んだから

結婚・出産してすぐに主人の転勤が決まったので，仕事を辞めてついて行きました。自分もきょうだいが多いので，子どもは多い方がいいという考えで専業主婦を選択しました。今は４人目を妊娠中で，仕事のことなど全く考えていません。保育士の資格をもっているので，預けるところがないと困っている人を見ると，預かってあげたいと思うこともあります。

結婚・出産を機に仕事を辞める場合，経済状況，仕事を辞めた理由，専業主婦への満足感などにより，意識に大きな差が出てきます。やむを得ない事情により仕事を辞めた場合でも，自分から積極的に専業主婦を選択した場合と，辞めたことに不平や不満が残る場合には，子育てや再就職への意識に大きな違いが出てきます。資格をもっている場合には，再就職を考える時には，気持ちの余裕や就職活動の面で有利に働くことが考えられます。

事例 仕事復帰はしたけれど…

一人目の子どもの育休中，家で育児をしていたら孤独感にさいなまれました。周りの友達は独身や子どものいない人ばかりで，話せる人もいませんでした。母子２人でいる生活に耐えられずに，仕事復帰を早めました。しかし，短時間勤務の私には重要な仕事は回ってこないし，周りからそれほど期待されていないことに気付き，一気にモチベーションが下がってしまいました。今二人目の育休中ですが，１回目で仕事観・人生観が変わってしまったので，そんなに頑張って復帰しなくてもいいかなと思っています。

両立コースの場合には，①仕事を辞めない理由，②育児休暇中の子育て状況，③仕事復帰後のモチベーションなどの課題があります。

①仕事を辞めない理由として，経済的な理由の場合と，自己実現のために仕事を続けたいという場合があります。

②育児休暇中の過ごし方として，地域の子育てイベントなどに積極的に参加するなど子育てを楽しむ場合と，夫の協力もなく母子だけで過ごす**ワンオペ育児**で孤独感にさいなまれている場合があります。

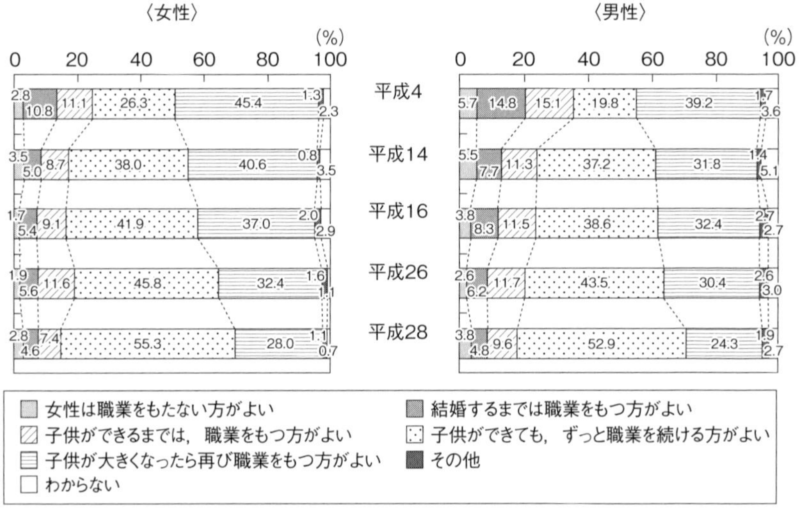

図3-2-1　女性が職業を持つことに対する意識の変化（内閣府，2018）[1)]

（備考）1．内閣府「男女平等に関する世論調査」（平成4年），「男女共同参画社会に関する世論調査」（平成14年，16年，28年）及び「女性の活躍推進に関する世論調査」（平成26年）より作成。

2．平成26年以前の調査は20歳以上の者が対象。28年の調査は，18歳以上の者が対象。

③仕事復帰後，補助的な仕事ばかり与えられて意欲を失ってしまう場合があります。はじめは働く母親のために労働時間や労働量に配慮したものだったのですが，この女性のように期待されていないと感じてモチベーションが下がることがあり，日本の社会では女性の活躍が伸びない問題にもつながっています。

女性のさまざまなライフコースと課題を見てきましたが，内閣府の「男女共同参画白書」の女性の就労に関する意識調査[1)]（図3-2-1）を見ると，2002（平成14）年頃までは④再就職コースを希望する方が⑤両立コースを上回っていましたが，それ以降逆転し，⑤両立コースを支持する人が多くなっています。

3．女性の就労

内閣府の「男女共同参画白書」によれば日本の女性の年齢階級別労働力率は，

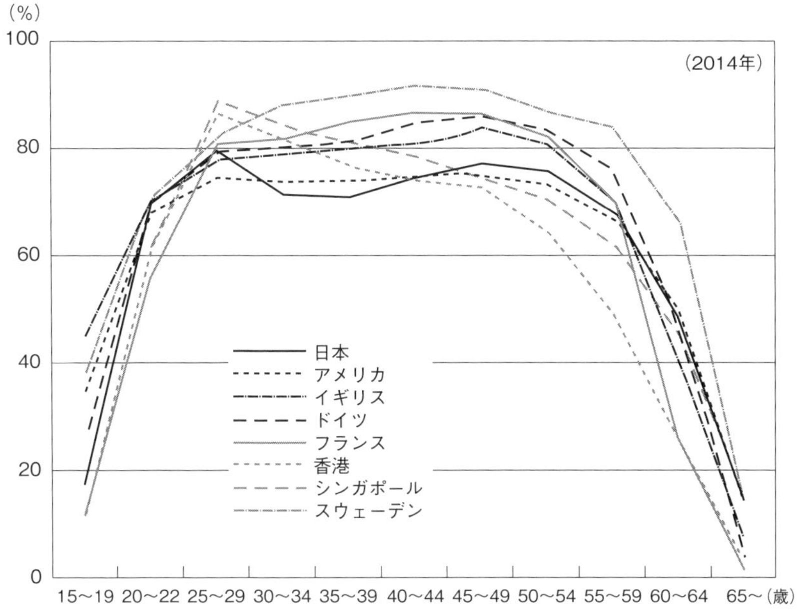

図 3-2-2　主要国における女性の年齢階級別労働力率（労働政策研究・研修機構，2018）[2]

図 3-2-2 のように，20 歳代後半から 30 歳代にかけて落ち込む **M 字カーブ**を描く特徴があります[1]。これは女性労働者の多くが，結婚・出産・育児のためいったん退職し，その後子どもが手を離れたら再就職するからだといわれています。それに対して，スウェーデンや，フランス，ドイツ，アメリカは台形型をしており，結婚や出産で退職する人があまりいないことを示しています。しかし，日本でも子育て期も働く女性が増えているため M 字カーブはだんだん解消傾向にあります。ただまだ第 1 子出産後には 5 割の人が離職しています。

また，OECD24 か国の 2000 年の調査[3]によれば，図 3-2-3 のように，女性の社会進出が進んでいる国ほど出生率が高い傾向があるといわれます。かつては，女性の労働力が低い国ほど出生率が高かったのですが，1980 年代に変わりました。しかし，日本では女性の社会進出が進んでいるにもかかわらず出生率が上がっていません。この理由について，川口[4]は，日本における仕事と家庭の両立政策の遅れを指摘します。具体的には，保育所の整備，育児休暇中の所

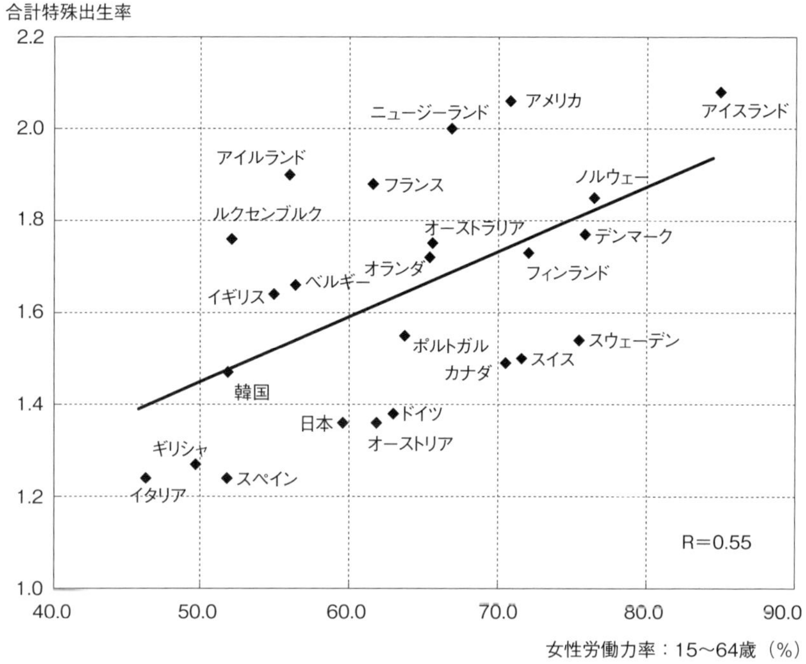

図3-2-3　女性の労働力率と合計特殊出生率の関係（内閣府，2005）[3]

注）女性労働力率：アイスランド，アメリカ，スウェーデン，スペイン，ノルウェーは，16歳〜64歳。イギリスは16歳以上。

得補償（日本は60％ですが，他の半数の国では100％），**フレックスタイム制度**，家族のための休暇（子どもの看護休暇，出産休暇，育児休暇）などの遅れです。しかし，その遅れを解消するためには女性の**エンパワーメント**，つまり国会議員や管理職・専門職などに占める女性の割合を上げることが必要であると指摘しています。

日本では，今仕事と家庭の両立政策として「**ワーク・ライフ・バランス（仕事と生活の調和）**」が提唱されています。働くすべての人が「仕事」と「仕事以外の生活」との調和をとり，その両方を充実させる働き方・生き方のことです。

4.「ワーク・ライフ・バランス」の実現に向けての課題

(1) 性別役割分業と新・性別役割分業

「男は仕事，女は家庭」という**性別役割分業**は，日本では20世紀初めに誕生し，高度成長期に最も広まりました。ところが，近年女性の社会進出により「仕事」の領域の男女差が解消されつつある一方で，「家庭」は依然として家事・育児の大半を女性が担っているのが実情です。つまり，「男は仕事，女は家庭」という性別役割分業に代わって，「男は仕事，女は家庭と仕事」という**新・性別役割分業**が生まれているわけです。第3章第1節で見たように，夫の家事・育児時間は妻に比べて大幅に少なく，妻の家事育児時間7時間34分に対し，夫の家事・育児時間は1時間23分です。諸外国と比較しても，日本の男性は家事育児に関わっていません。この背景には，「夫は外で働き，妻は家庭を守るべきである」という性別役割分業の意識があり，この考え方に賛成の男性は57.7%（女性56.7%）で，反対の38%を上回っています。ただこの割合は時代とともに変化しており，確実に反対の割合が大きくなっています。

一般社団法人中央調査社が行った調査[5)]によると，新・性別役割分業のホンネとタテマエに関して興味深い結果があります。つまり，「女性が家事・育児・介護の大部分を担っているのはおかしい」というタテマエの人の中に，「育児は母親（女性）の天職である」と思う人は6割おり，「共働き家庭でも家事は女性が中心になってやる方がよい」「女性は家事を手抜きしてまで仕事をする必要はない」「男性の育児休業には抵抗がある」という人も半数います。また，「男だから，女だから，といった考え方はなくすべきだ」という考えには75%が賛成ですが，同時に「甲斐性（経済力）のない男はだめだ」には7割以上，「結婚したら妻が夫の姓を名乗るものだ」にも半数以上が賛成を占めています。さらに「性別に関係なく個人個人の能力を発揮できる社会を目指すべきである」というタテマエと「町内会や自治会の代表者は男性の方がうまくいく」というホンネが同居しています。

また分析の結果，①〈男女共同参画志向〉は40代以下の女性に強い。②〈性別分業意識〉「男は仕事，女は家庭」という考えは，高齢者に多く，男女差は小さい。③〈新・性別役割分業意識〉は女性より男性に多く，特に50～60代の男性に多いことがわかりました。その結果，〈新・性別役割分業〉の考え方は，女性に仕事と家庭の二重の負担を強いる危険性があると指摘しています。

(2) 長時間労働と男女の働き方改革

「長時間労働が仕事と家庭生活の両立を困難にし，少子化の原因や女性のキャリア形成を阻む原因，男性の家庭参加を阻む原因」[6)] となっているとして，2019年4月より働き方改革が推進されています。厚労省の定義によれば，「働き方改革」とは，働く人々が個々の事情に応じた多様で柔軟な働き方を，自分で「選択」できるようにするための改革のことです。

今の日本では，30～40歳代で5人に1人が週60時間を超える長時間労働をしています。週労働時間が50時間以上になると仕事と家庭の両立への葛藤が非常に高まり精神的に健康でない状態になるといわれています[7)]。働き手のニーズに対応した**フレックスタイム制**の見直しや，6割弱しか取得されていない有給休暇の取得促進，男性の**育児休暇**取得率を5.14%（2017年）から2020年には13%にすることを目標にして，さまざまな取り組みが行われています。

また両立支援策として，育児休業（180日まで賃金の67%）や**短時間勤務制度**，ライフスタイルに応じた多様な働き方，**テレワーク**の推進などがあります。育児休暇明けにはフルタイムではなく短時間勤務制度を利用して，1時間早く仕事を切り上げて保育園に迎えに行くことで仕事と家庭の両立を図る女性も多くいます。一方，復帰後特に短時間勤務の場合，責任が軽く達成感のない仕事しか与えられないことで意欲を失う人もおり，女性が管理職などに昇進する機会を失うことにもつながっています。この場合，短時間勤務ではなく，フレックス勤務制度や在宅勤務制度を利用してフルタイムで働くことを選択することでやる気のある女性に道を開こうとする職場も出てきています。女性の働き方については，「子どもの成長に応じて働き方を変えていくこと」を理想とする人が多いので，子どもの成長に合わせて労働時間などを柔軟に選択できる働き方を普及させることが求められています。

働き方改革には，部下の仕事と育児の両立を支援しかつ業務効率を上げるなどの工夫をしている上司「**イクボス**」などトップのリーダーシップが重要です。

(3) 男性の育児参加

「**イクメン**」という言葉がもてはやされるほどに，日本ではまだ男性の育児参加が少ないということです。家庭における父親の役割として，日本では「働いて生活費を得ること」が「子どもの世話をする」ことより重視されており，女性が夫にやってほしいことも「入浴」「遊び相手」などと限定的です。しかし，現実的には「やりたくてもやれない」という事情もあります。残業と長い通勤時間のため，帰宅が遅く子どもの寝顔しか見られない父親も多くいます。またちょうど寝かしつけの時間に父親が帰ってきて，父親の食事に付き合い，遊んでから寝る子どももいます。母親としては父親との時間を大事にして就寝時間が遅くなるのを容認するか，子どもの生活リズムを優先して父親に帰宅時間をずらしてもらうかを，選択することになります。

このような日本の事情を考慮してもやはり父親の育児参加は必要です。少子化などにより親準備性がないまま親になる人が増えている今，出産直後の育児休暇は夫婦で産後クライシスを乗り越える貴重な機会です。スウェーデンなどでは，子どもの誕生後に父親が１～２週間程度取得できる父親休暇があり，また育児休業についても利用したい人が利用できている状況があります。日本でも男性は出産直後から育児休業を取得できますが，出産休暇を希望する男性は7割，育児休業希望者は３割いるものの，実際は活用されていないのが現状です[7)]。これには女性の方も男性のキャリアにダメージを与えるのではないかと考えて希望が少ないことも関係があるようで，まだまだ啓蒙が必要といえるでしょう。

(4) 母親の就労と「3歳児神話」

女性にとって第１子出産後に仕事を続けるか辞めるかというのは最も大きな決断となっており，今も５割の人が退職しています。家事育児をしたいと自発的に退職する場合は不満が少ないのですが，何らかの理由で辞めざるを得なかった場合は不満が残ります。その中には「3歳までは母親が子育てすべき」と夫や親世代から言われて辞める人もいます。平成10 (1998) 年度の「厚生白書」

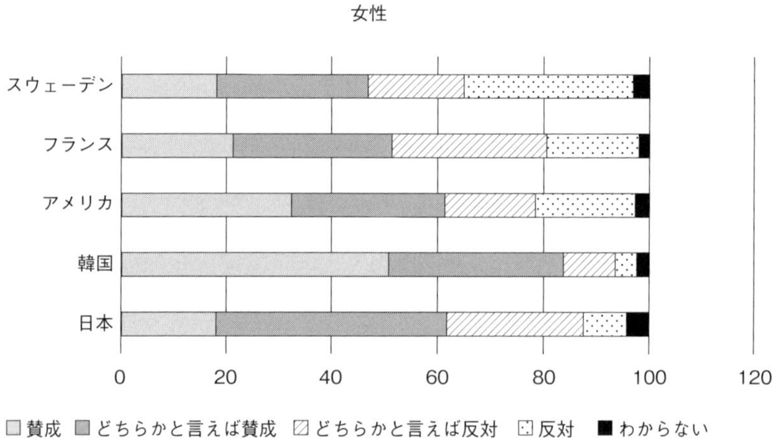

図 3-2-4　「子どもが 3 歳くらいまでの間は，保育所等を利用せずに母親が家庭で子どもの世話をするべきだという意見に対して，あなたはどう思いますか」（内閣府，2010）[8]

には「三歳児神話には合理的な根拠は認められない」と書かれており，徐々に意識は変わってきていますが，仕事を続ける人の中にもまだ「3 歳児神話」を気にする人がいます（図 3-2-4）。

内田によれば，保育所などに預けられた子どもと母親が家で育てた子どもを比較した国内外の研究では，両者に発達的な差はなく，母子の関わりの「時間の量より質」の方の影響が大きいことが示されています。ただ「『3 歳児神話』は合理的な知見や根拠のない言説であるが……子どもの育ちを無視した働き方に対する警鐘として受け止めることもできる」と述べています。[9]

5. まとめ

小西ら[10]によると，「育児の意味付け」について戦前生まれの世代が「育児を女性の義務であり，生きがいであり，喜びである」と感じているのに対し，戦後生まれ（昭和）の世代では「育児は有意義で素晴らしい仕事であり生きがいの一部であるが，自分の能力の発揮は別の場である」という認識が強くなっています。この認識は今の時代もっと強くなっていると思われます。人生 100 年時代といわれるようになり，子どもの人数が少なくなって子育ての期間が短くなり，女性たちは育児は育児で充実感を得て，さらに仕事などを通してもう1つ達成感を得たいと模索しているのかもしれません。

コラム　3か月の育休イクメン体験記[11)]

保育園に入れなかったため，仕事復帰した母親に代わり，1歳の長男の育児休暇を3か月取った男性新聞記者の体験記が新聞に掲載されていました。長女7歳と次女5歳もおり，家事をこなしながらの3人の子育ては想像以上に大変だったので，義父母の協力を得て，習い事や病院に行く時には長男を見てもらい，つかの間の休息をしたそうです。興味深かったのは，地域の子育て支援センターが息抜きになったとのことで，「いくらかわいいわが子とはいえ，正直家の中で四六時中，1対1で向き合っていると息が詰まる」と。男性でもそうなのだと妙に納得。また，育休の先輩である妻が帰宅後に，労を惜しまず育児や家事をしてくれたことに大変感謝しているとのこと。そして，印象的なのは，家のことは女性がやるという根強い意識を変えるためには，「主夫」をやってみることが一番の近道だと実感したという記者の言葉でした。

考えてみよう

1. 自分のライフコースを描いてみましょう。自分と自分の母親のライフコースは p. 78 の①～⑤のどれに近いですか。
2. 「イクメン」についてどう思いますか。また「コラム3か月の育休イクメン体験記」を読んで話し合ってみましょう。

引用文献

1　内閣府（2018）．平成30年版男女共同参画白書
2　労働政策研究・研修機構（2018）．データブック国際労働比較2018
3　内閣府（2005）．男女共同参画会議少子化と男女共同参画に関する専門調査会「少子化と男女共同参画に関する社会環境の国際比較報告書」（平成17年）
4　川口章「女性の就労と出生率の動向」社会政策学会第109回大会（2004年大阪市立

大学）
5　中央調査社「女性に2重の負担を強いる『新・性別分業意識』の存在」中央調査報（No.512）　https：//www.crs.or.jp/backno/old/No512/5121.htm
6　厚生労働省「働き方改革実現会議」働き方改革実行計画
7　内閣府（2015）．少子化社会に関する国際意識調査（平成27年）
8　内閣府（2010）．少子化社会に関する国際意識調査（平成22年）
9　内田伸子（2008）．「愛着」―対人関係や学習の機能的準備系　東京都教育委員会（編）乳幼児期を大切に（pp.16-21）東京都教育委員会
10　小西規子・秦野悦子・毛塚恵美子・小泉左江子・高崎絹子（1981）．育児における女性の意識―世代差から見た分析―　お茶の水女子大学「人間発達研究」，*6*, 25-33.
11　十勝毎日新聞（2018）．男記者の育休体験記Ⅱ　育児休暇残り1週間　2018年3月25日

なかよし

3 多様な家庭とその理解

1. 多様な家庭と子どもの育ち

第２章第１節にあるように，家族とは一般には，夫婦とその血縁関係者を中心に構成され，共同生活の単位となる集団のことで，家庭とは，夫婦・親子などの関係がある者が生活をともにする場所という意味があります。そして，家庭には，そうした基本的な役割以外に，精神的な安らぎを得る場，子どもを育てる場という役割もあります。

皆さんが，家族や家庭という言葉から連想するイメージはどのようなものでしょうか。平均的な家族構成として，夫婦と未成年の子２人というモデルが1960年代にできあがりましたが，その後1990年頃から家族構成に変化がでてきたことを学びました（第３章第１節）。しかし，もはや平均的とされる家庭，家族構成の枠には収まらない多様な家庭が数多く存在し，その数が増加しているのが現代の日本です。そうした中で，保育者は，子どもを通して多くの家庭と関わりをもちます。自分のもつ家族・家庭のイメージに縛られることなく，さまざまな特徴をもつ多様な家庭を理解し，尊重し，支援しながらともに子どもを育てていきたいものです。

ここでは，多様な家庭の例として，**ひとり親家庭**，**貧困家庭**，**ステップファミリー**，**里親家庭**，**外国にルーツをもつ家庭**をとりあげて，考えます。

2. ひとり親家庭

(1) ひとり親家庭の現状

父親または母親の片方いずれかと，その子ども（児童）から成る家庭で，単親世帯，単親家庭とも呼ばれます。次のいずれかに該当する者が，20歳未満の子どもを扶養している家庭を指します。①配偶者と離婚し現に婚姻していない者，②未婚，非婚の者，③配偶者が死亡した者，④配偶者の生死が明らかでない者，⑤配偶者から遺棄されている者，⑥配偶者が海外にあるためその扶養を受けることができない者，⑦配偶者が精神または身体の障害により長期にわたって労働能力を失っている者，⑧配偶者が法令により長年にわたって拘禁されているためその扶養を受けることができない者[1)]。

父のいない児童（満20歳未満の子どもであって，未婚の者）がその母（シングルマザー）によって養育されている世帯を母子家庭（母子世帯），母のいない児童がその父（シングルファーザー）によって養育されている世帯を父子

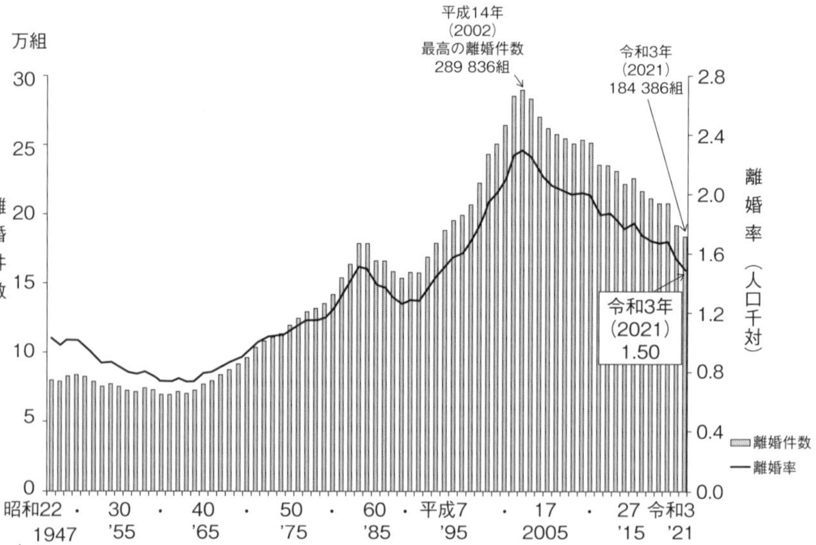

図 3-3-1　離婚件数及び離婚率（人口千対）の年次推移（厚生労働省，2021）[2)]

家庭（父子世帯），さらに父母ともにいない児童が養育者（祖父母等）に養育されている世帯を養育者家庭（養育者世帯）という呼び方が一般的です。2021年11月に厚生労働省が行った調査では，全国の母子家庭数は約120万世帯，父子家庭は約15万世帯と推計されています（表3-3-1参照）。また，母子世帯になった理由は，離婚が79.5％と最も多く，次いで未婚の母10.8％，死別5.3％となっており，父子世帯になった理由は，離婚が75.6％と最も多く，次いで死別が19.0％となっています。ちなみに，昭和58（1983）年では母子世帯で離婚約5割，死別約4割，父子世帯で離婚約5割，死別約4割となっており，この40年近くの間に，離婚が増加していることがわかります[5]。

(2) 離婚家庭と子どもの育ち

ひとくちにひとり親家庭といっても，そこに至るまでの経緯はさまざまですし，ひとり親家庭になった時点での子どもの年齢によっても，直面し得る問題

表3-3-1　母子家庭・父子家庭の現状（厚生労働省，2021）[4]

	母子世帯	父子世帯
1　世帯数	119.5万世帯 (123.2万世帯)	14.9万世帯 (18.7万世帯)
2　ひとり親世帯になった理由	離婚 79.5%（79.5%） [79.6%] 死別　5.3%（ 8.0%） [5.3%]	離婚 69.7%（75.6%） [70.3%] 死別 21.3%（19.0%） [21.2%]
3　就業状況	86.3%（81.8%）[86.3%]	88.1%（85.4%）[88.2%]
就業者のうち正規の職員・従業員	48.8%（44.2%）[49.0%]	69.9%（68.2%）[70.5%]
うち自営業	5.0%（ 3.4%）[4.8%]	14.8%（18.2%）[14.5%]
うちパート・アルバイト等	38.8%（43.8%）[38.7%]	4.9%（ 6.4%）[4.6%]
4　平均年間収入 [母又は父自身の収入]	272万円（243万円） [273万円]	518万円（420万円） [514万円]
5　平均年間就労収入 [母又は父自身の就労収入]	236万円（200万円） [236万円]	496万円（398万円） [492万円]
6　平均年間収入 [同居親族を含む世帯全員の収入]	373万円（348万円） [375万円]	606万円（573万円） [605万円]

※令和3年度の調査結果は推計値であり，平成28年度の調査結果との比較には留意が必要。
※（　　）内の値は，前回（平成28年度）調査結果を表している。（平成28年度調査は熊本県を除いたものである）
※［　　］内の値は，今回調査結果の実数値を表している。
※「平均年間収入」及び「平均年間就労収入」は，令和2年の1年間の収入。
※集計結果の構成割合については，原則として，「不詳」となる回答（無記入や誤記入等）がある場合は，分母となる総数に不詳数を含めて算出した値（比率）を表している。

の性質や，支援の内容が異なってきますが，ここでは，最も多い離婚家庭について，子どもへの影響を見てみましょう。

2021年度の日本の離婚件数は約18万4,000組です。婚姻件数が約60万7,000組なので，単純に考えると夫婦の3組に1組近くが離婚をしていることになります。人口1,000人当たり何人が離婚しているかという離婚率で見ると，2002年の2.3%をピークにやや減少傾向をたどり，2021年の推計値は1.50%となっていますが，人口減少とともに結婚件数自体が減少していることも考え合わせなければなりません。また，子どもがいる場合，父母が子育てを協働して行う**共同親権**・共同監護の形を取る欧米に対して，日本は，どちらか一方が親権者となる**単独親権**制度をとっており，その8割が母親であるという点が特徴です。また，母子家庭の貧困も問題になっています。

公益社団法人「家庭問題情報センター」の2005年の調査では，親の離婚を経験した子ども96人（アンケート時の年齢は10代～30代）の声がまとめられています[3)]。離婚後は「家庭が明るくなった」,「母が殴られたりするのを見なくてすみ，安心して家に帰ることができるようになった」など，家庭が安全で安心な場所になったことを挙げ，自分自身については「頑張った」,「強くなった」と述べ,「『離婚家庭の子ども』と後ろ指を指されないように」,「母親に心配かけないように」と，逆境を乗り越えようと努めている姿が浮かびます。他者との関係では「人の痛みや優しさを感じ取り，分かるようになった」,「人生の意義を考えるようになった」など，人としての生き方や生き様，在り様について考えるようになったと述べ，人として成長する体験として受けとめているといえます。一方，親の離婚によるマイナスとして，不安・孤独・寂しさに苦しみ，苦しむ自分を責めて自己嫌悪に悩み，被害感に悩んでいることなども多く述べられています。例えば「嫌だったことは，新しい先生が担任になるたびに，まずは母子家庭だという目で見られたこと。母子家庭であることを明かすと，人間関係に問題が生ずると思い，普通の家庭のようによそおった」(離婚時6歳，現在28歳),「親に心配かけないように，しっかりとしていい子を演じてきました。本当の弱い自分を異性に素直に見せることもできず，永遠に続くものはないと，一生結婚もせず，子どもも産まない人生を考えてきました。別れてしまうのが怖かった。いずれは別れが来るものと決めつけていたので」

(離婚時7歳，現在32歳)，「社会の偏見はいまだにあると思います。自分の努力ではどうにもならないことで，あれこれ言われることは本当につらい。正直に両親の離婚を話せず嘘をついてしまい，それが積み重なってくると嘘をついた罪悪感が増してとても苦痛だった」(離婚時8歳，現在30歳) などです。

以上のように，親の離婚によって，子どもには，それまでの家族が変化することに対処しなければならないという精神的なストレスがかかることがわかります。さらに，離婚に至るまでのあいだ，家庭内での親同士の争いや暴力を目撃し続けることの，子どもの心理面への影響の大きさも，多くの研究が示唆しています。また，子どもだけでなく親の方も，それまでとは異なる環境の中で子どもと向き合わなくてはなりません。

事例　ひとりで育てるということ

マキさんは1年前に離婚し，6歳のコウくんと4歳のサトシくんを育てながら働くシングルマザーです。コウくんとサトシくんは母親の離婚後，転居をして，保育園も転園しました。もともとマキさんは結婚後も正規職員として仕事を続けていましたが，サトシくんを出産して職場に復帰後，子育てや家事への夫の協力がなかなか得られず，口論が絶えなくなっていました。夫婦とも実家は遠い他県のために，祖父母の援助を期待することはできません。加えて，コウくんには少し気難しく，育てにくいところがあり，マキさんは健診のたびに発達障害ではないかと不安で相談してきました。しかし，はっきりとした診断がされるまでには至らず，いつも「様子を見ましょう」と言われるだけでした。夫はそうしたマキさんの不安にもあまり親身にならず，むしろ「君が気にしすぎるから，子どもがそうなるんだ」「そんなに言うなら仕事を辞めて，もっと子どもの世話をしたらどうか」と言う始末であり，マキさんと夫との関係はますますぎくしゃくしたものになっていきました。第二子のサトシくんが生まれてから，マキさんはさらに忙しくなりましたが，夫の態度は相変らずで，マキさんは離婚を決意しました。離婚後も，仕事と子育てで忙しいマキさんですが，月に1回の父親との面会から帰ってきたサトシくんは「もっとパパに会いたい」と言います。また，マキさんも子どもの成長を見るにつけ「やはり男の子には男親が必要なのではないか」と，自信がなくなることがあります。

3. 貧困家庭

貧困あるいは経済格差は，現代の日本社会において大きな問題となっています。わが国で「貧困」という場合には「**相対的貧困**」を指しますが，**相対的貧**

困率とは，その国の等価可処分所得（世帯の可処分所得（＝手取り収入）を世帯人数の平方根で割って調整した所得）の中央値の半分に満たない世帯の割合のことです。子どもの貧困とは，相対的貧困にある18歳未満の子どもの存在およびその生活状況のことです。日本の貧困率は，2021年時点で15.4%，子どもの貧困率は11.5%です。8～9人に1人の子どもが，相対的貧困の状態にあるということになります。

家庭の貧困は，そこで育つ子どもにさまざまな影響を及ぼします。例えば，病気やけがをしても病院に行けない，食生活においても必要摂取量の不足や栄養の偏りが生じやすいなどから，健康面での健全な発達が阻害されます。また，親が生活に追われて子どもに対する十分な関わり（例えば絵本を選んで，ゆっくり読み聞かせをする時間，子どもとともに地域の子育てサークルなどに参加して人間関係を広げるなど）をもてなくなり，子どもが経験できる遊びや活動の幅も乏しくならざるを得ません。人との交流の経験から育まれる社会性や，さまざまな経験を通して伸びていく考える力の発達など，子どもの発達全般は，適切な刺激に富んだ環境をどれだけ経験するかに大きく影響されます。このように考えると，貧困家庭にある子どもは乳幼児期からすでに，環境要因からくる発達的な格差を負わされてしまうということになるのです。保護者の経済力によって，子どもに与えられる機会に差が出ることは，何としても避けなければいけないのですが，残念ながら現在の日本では，この格差が厳として存在しています。

保育者は，個々の家庭の経済状況を詳しく知ることはできません。しかし，子どもの様子から，困窮状況を察することはできます。保育の場で保育者が行える支援とは，上に述べたような子どもの経験不足や，子ども自身の内面の育ちをできる限り補うことです。生活全般において，保育者と一対一の安定した関係の中で愛着形成を図り，家庭では十分に手をかけられていないかもしれない基本的生活習慣を丁寧に確立させていくこと，そして友達との遊びを通して社会性を育てていくことが望まれます。

4. ステップファミリー

ステップとは英語で「継」と言う意味です。ひとり親となった親が子どもを連れて再婚して新たに築く，血縁関係のない親子関係や兄弟姉妹関係を含む家庭のことです。継父，継母とは，新たに夫婦となる相手の子どもから見た時の呼称です。家族の構成としては，死別の後の再婚，離婚の後の再婚，さらに夫婦のどちらかに子どもがいる場合，双方に子どもがいる場合など，さまざまな組み合わせがあります。離婚後，別れたパートナーと暮らす子どもと面会交流がある場合もステップファミリーとなります。

ステップファミリーの成長段階を，津崎[6)]は，子どもの立場から次のように説明しています。

段階１　前提としての離婚体験と罪障感：子どもの多くは離婚の影響を何らかの形で受けており，実親の離婚は自分のせいだったのではないか，など漠然とした罪障感を抱いていることが多い。

段階２　母子（父子）家庭での親子密着：離婚や死別等で単親家庭になると，一般的には親子の結びつきが強くなる。

段階３　実親の再婚についての違和感：一般的には生活に不便を感じていたとしても，子どもは新たな親の出現を好ましく思わないことが多い。

段階４　継父（継母）の同居と警戒期：内心歓迎できないとしても，その反発や抵抗はあからさまではないことが多い。

段階５　ライバル的反発と行動・生活様式の違和感：時間が経つにつれ，子どもの胸に秘められた違和感や反発心が表に出てくる。

段階６　キーとなる継父（継母）の距離の取り方と信頼・安心感の育成：段階５をふまえて，継父，継母が家族と適切な距離を取り，自分の流儀を押し付けず，子どもの信頼と安心感の育成を優先する。

段階７　信頼・安心の伸長と新たな複合的生活様式の成立：６の段階を経て新たな親が子どもに受け入れられていく段階。

段階８　新たな家族としての融合と一体感の確立：１から７の段階を経て，家族の新たな一体感が醸成されてくる。

段階8に至るまでには，5～7年かかるといわれています。

事例　新しい父への複雑な気持ち

6歳のケイちゃんは，父親と母親の3人家族ですが，もうすぐ弟か妹が生まれます。実は，ケイちゃんの父親は継父です。ケイちゃんが4歳の時に母親が離婚し，昨年再婚しました。再婚当初は，ケイちゃんは新しい父親にもなじんでいるようで，保育園にもよく父親が迎えに来ていましたが，ここのところはもっぱら母親です。母親によると，ケイちゃんは父親に対してきつい言葉を口にしたり，最近では母親にまでわがままを言って甘えるかと思えば，ちょっとしたことで機嫌を悪くしていつまでも泣いている，ということです。

5. 里親家庭

現在，日本には**社会的養護**[i]を必要とする子どもが約4万2千人います。そのうち，乳児院や児童養護施設等の施設で暮らす子どもは約3万6千人，そして約6千人が**里親制度**のもとで生活しています。里親制度とは，親の虐待や死亡など何らかの事情で家庭での養育が困難になった子ども等に，家庭環境のもとでの養育を提供することを目的とするものです[7]。児童福祉法によると，里親とは「養育里親及び厚生労働省令で定める人数以下の要保護児童を養育することを希望するものであって，養子縁組によって養親となることを希望する者とその他のこれに類するものとして厚生労働省令で定めるもののうち，都道府県知事が第27条第1項第3号の規定により児童を委託するものとして適当と認めるもの」をいいます（第6条の4）。里親には「養育里親（専門里親を含む）」，「養子縁組を希望する里親」，「親族里親」の種類があります（表3-3-2）。専門里親とは，児童虐待等の行為により心身に有害な影響を受けた児童や非行等の問題を有する児童，身体障害，知的障害又は精神障害がある児童など専門性を必要とする里親です。

---

i) 社会的養護とは，保護者のない児童や，保護者に監護させることが適当でない児童を，公的責任で社会的に養育し，保護するとともに，養育に大きな困難を抱える家庭への支援を行うことです。社会的養護は，「子どもの最善の利益のために」と「社会全体で子どもを育む」を理念として行われています。

表 3-3-2　里親の種類（厚生労働省，2022）[9]

里親 家庭における養育を里親に委託		登録里親数	委託里親数	委託児童数
		14,401 世帯	4,759 世帯	6,019 人
区分 （里親は重複登録有り）	養育里親	11,853 世帯	3,774 世帯	4,621 人
	専門里親	715 世帯	171 世帯	206 人
	養子縁組里親	5,619 世帯	353 世帯	384 人
	親族里親	610 世帯	565 世帯	808 人

厚生労働省による「里親委託ガイドライン」の里親委託優先の原則には，子どもにとっての家族を基本とした家庭的環境がなぜ重要かを，以下の点から説明しています。

①特定の大人との愛着関係の下で養育されることにより，自己の存在を受け入れられているという安心感の中で，自己肯定感を育むとともに，人との関係において不可欠な，基本的信頼感を獲得することができる。

②里親家庭において，適切な家庭生活を体験する中で，家族それぞれのライフサイクルにおけるありようを学び，将来，家庭生活を築く上でのモデルとすることが期待できる。

③家庭生活の中で人との適切な関係の取り方を学んだり，身近な地域社会の中で，必要な社会性を養うとともに，豊かな生活経験を通じて生活技術を獲得することができる。

以上に述べられている環境は，同時に保育の場に置き換えて読むこともできます。保育者は，里親とともに，必要に応じて児童相談所など専門機関とも連携を取りながら，子どもの育ちを支援します。

6. 外国にルーツをもつ家庭

日本における在留外国人の数は，近年増加傾向にあります。法務省の『在留外国人統計（旧登録外国人統計）』によると，2006 年 12 月に 208 万人だったその数は，リーマンショックや東日本大震災の影響で一時減少したものの，2016 年 12 月には 238 万人に増加しています[10]。さらに，2019 年 1 月 1 日時点で約

表 3-3-3　在留外国人の全体数と幼児の人数の増加率（和田上ら　2017）[10)]

	2012年	2013年	2014年	2015年	2016年
全体 （割合）	2,033,656 （100.0）	2,066,445 （101.6）	2,121,831 （104.3）	2,232,189 （109.8）	2,382,822 （117.2）
0～5歳 （割合）	79,626 （100.0）	81,490 （102.3）	85,206 （107.0）	90,152 （113.2）	98,520 （123.7）

＊カッコ内は2012年を100とした時の割合
＊人数は12月末時点におけるもの

266万7千人となり，日本の総人口約1億2744万4千人（前年比約26万人減）に占める割合が初めて2%を超えました（朝日新聞2019/7/16）。当然のことですが，外国にルーツをもつ子どもや子育て家庭の数も増加しています（表3-3-3）。

多文化子育てネットワークが2000年と2011年に行った「多文化子育て調査」によると，園での生活に関して，保護者の3割が「裸足保育や薄着」と「いじめ」を心配していることがわかります。靴や靴下を室内で履く環境や薄着に慣れていない気候風土の出身の保護者にとって，日本の文化背景や習慣にすぐに慣れるのは難しく，相互理解が必要です。また，「いじめ」について保護者は，「子どもの日本語が不得手である」や「外国人だから」との理由でいじめられているのではと心配しています（図3-3-2）[11)]。

また，子育てをする中で心配なことについて，しつけや教育などの悩みや気がかり18項目の中から複数回答してもらい，さらに，現在最も気になっていることをひとつ挙げてもらったところ，第1位は「母語の教育や文化を学ばせること」15.3%，第2位「少食や食べ物の好ききらいがある」8.6%，第3位「病気やケガ」8.1%でした（図3-3-3）。

東京都内の保育所に勤務する保育士90名に行った調査では，44名が外国にルーツをもつ子どもの保育において，戸惑ったことがあると答えており，内容は「言葉・意思疎通」が最も多く，次いで「宗教・習慣」，「食事」でした。保護者対応においても，45名が戸惑ったことがあると解答しており，内容は「言葉・意思疎通」が圧倒的に多くなっています[10)]。

両親ともに外国籍の場合，両親のどちらかが外国籍の場合がありますが，いずれにしても今後も保育の場には，外国にルーツをもつ子どもが増えることが

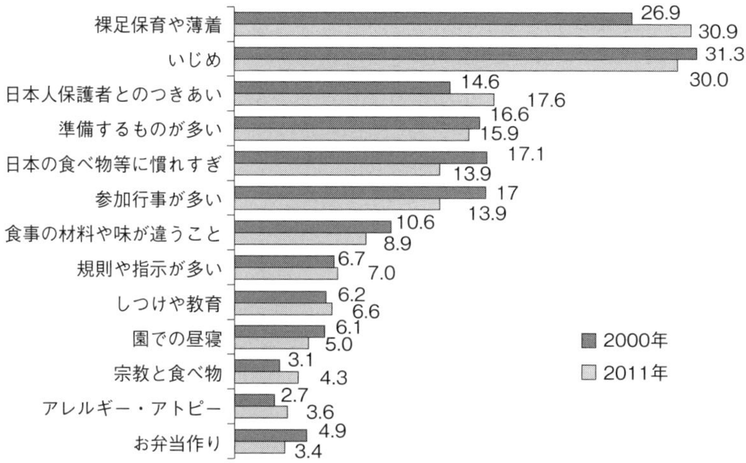

図 3-3-2　園生活で気がかりなこと（山岡，2013）[11]

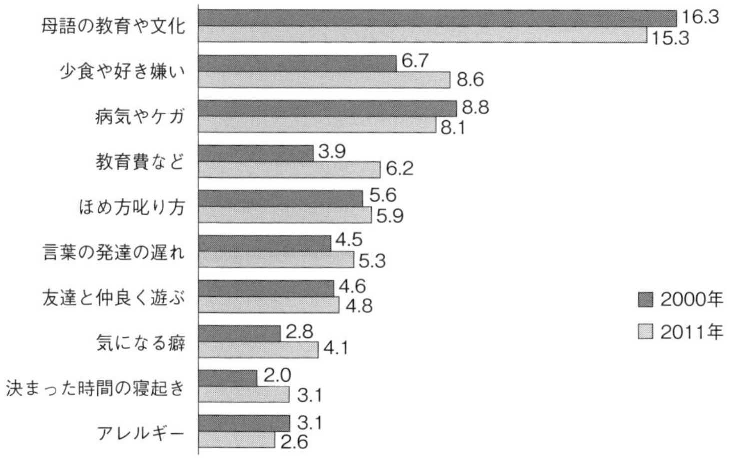

図 3-3-3　子育ての 1 番の気がかり（山岡，2013）[11]

予想されます。保育者においても，積極的に異なる文化に対する関心と学ぶ姿勢をもち，そして異なる文化を背景にもつ者同士が互いに尊重し合えるような保育の場を作っていきたいものです。

7. 多様な家庭を理解するとは

ここまで，さまざまな形の家庭をとりあげ，考えてきました。保育所保育指針の第2章には「子どもの国籍や文化の違いを認め，たがいに尊重する心を育てるようにすること」「子どもの性差や個人差にも留意しつつ，性別などによる固定的な意識を植え付けることのないようにすること」と述べられています。これからの保育者は自分自身の価値観やものの見方をもちながらも，自分とは異なる考え方や文化を理解し，尊重する姿勢が一層必要になるでしょう。

考えてみよう

1. ひとり親家庭の事例のマキさん親子に対して，あなたならどのような支援を考えますか。
2. 事例「新しい父への複雑な気持ち」はステップファミリーの成長段階に照らすと，どの段階にあたるでしょうか。ケイちゃん，母親，継父のそれぞれの気持ちを考えてみましょう。
3. 外国にルーツをもつ子どもが，日本の保育園で戸惑うかもしれないことをあげて，支援の手立てを考えてみましょう。
4. あなたはこれまでに，自分とは異なる考え方や価値観をもった相手に対して，どのように感じたり，対応してきたでしょうか。振り返って，考えてみましょう。

コラム　LGBTの家庭

性別に関して「身体的・生物学的な性別と，自分で認識している性別が一致しており，恋愛の対象は異性であるのが普通だ」と考える人が日本社会では多数派であり，そうした通念のもとに，家族をはじめ社会的なシステムが構築され，政策が施されてきました。しかし，2000年に入った頃から，LGBT（レズビアン，ゲイ，バイセクシュアル，トランスジェンダー）という用語が日本でも知られるようになり，さまざまな性のありようが社会的に認知されてきています。保育現場でも，両親が男性と女性のペアとは限りません。また，外見上だけで男性か女性かを決めることができるとも限りません。こうした保護者の家庭は，まだ少数かもしれませんが，それだけに保育者は保護者を尊重し，保護者が孤立しないような配慮が必要でしょう。

コラム　小説や映画に描かれる多様な家庭

小説や映画でも，多様な家庭が描かれています。

・クレイマー，クレイマー：映画（米　1979）離婚後の子どもの親権を巡って夫婦間が激しく争う中，父親と暮らす幼い息子の心情や夫婦の心の動きのひだを描いた名作。

・6才のボクが，大人になるまで。：映画（米　2014）両親が離婚している6歳の主人公が18歳になるまでの12年間の成長を，実母の再婚や実父との交流などの家族の変化の中に描いている。

・幼な子われらに生まれ：小説（重松清　1996)。離婚経験者同士の再婚家庭が，それぞれの子どもや元夫，元妻も含めて葛藤しながらも，新しい家庭を築いていく物語。映画化もされた（「幼な子われらに生まれ」2016)。

・ポニーテール：小説（重松清　2011）お互いの親の再婚で姉妹になった小学4年生のフミと小学6年生のマキの物語。

参考書

荒牧重人・榎井　縁・江原裕美・小島祥美・志水宏吉・南野奈津子・宮島　喬・山野良一（編）(2017)．外国人の子ども白書―権利・貧困・教育・文化・国籍と共生の視点から―　明石書店

水無田気流（2014)．シングルマザーの貧困　光文社

引用文献

1　谷田貝公昭（編）(2019)．改訂新版保育用語辞典　一藝社

2　厚生労働省（2022）．令和3年（2021）人口動態統計月報年計（概数）の概況
3　社団法人家庭問題情報センター（編）（2005）．離婚した親と子どもの声を聞く―養育環境の変化と子どもの成長に関する調査研究―
4　厚生労働省（2022）．令和3年度全国ひとり親世帯等調査結果の概要
5　厚生労働省（2022）．令和3年度全国ひとり親世帯等調査結果報告
6　津崎哲郎（2015）．里親家庭・ステップファミリー・施設で暮らす子どもの回復・自立へのアプローチ―中途養育の支援の基本と子どもの理解―　明石書店
7　社会福祉士養成講座編集委員会（編）（2016）．新・社会福祉士養成講座15　児童や家庭に対する支援と児童・家庭福祉制度（第6版）　中央法規
8　厚生労働省（2011）．里親委託ガイドライン（2019一部改正後）
9　厚生労働省（2022）．社会的養育の推進に向けて
10　和田上貴明・乙訓　稔・松田典子・渡辺　治・髙橋久雄・三浦修子・廣瀬優子・長谷川育代・髙橋滋孝・髙橋智宏・髙橋　紘（2017）．外国にルーツを持つ子どもの保育に関する研究　保育科学研究，*9*，16-23.
11　山岡テイ（研究代表者）（2013）．多文化子育て支援の研究平成23年～平成24年度科学研究費研究成果報告書

外国にルーツをもつ子どもと一緒に

4 特別な配慮を要する家庭

子どもたちはさまざまな家庭環境のもとで育っています。そのため，園で子どもの様子を見るときには，その子どもがどのような家庭環境に生まれ，保護者は現在どのような状況であるのかを考えに入れておくことが大切です。ここでは，特別な配慮を必要とする家庭として，産後うつ病を患っている家庭，育児不安をもつ家庭，低出生体重児を育てている家庭，障害や病気のある子どもを育てている家庭，保護者が病気や障害をかかえている家庭についてとりあげます。

1. 母が産後うつ病を患っている家庭

産後うつ病とは分娩後に発症したうつ病のことです[1)]。中心となる症状は抑うつ的な気分で，「気が滅入る，悲しい，元気がない」などと表現されます。また，喜びや楽しみの喪失も重要な症状で，これまで楽しんでいた趣味や打ち込んでいた仕事などの多くの物事に対して興味を失います。そして不眠，食欲の低下，体重減少などの身体症状も見られます。そのため，産後うつ病を発症すると，育児が困難になります。産後うつ病は 10 ～ 15％の女性に見られ，誰にでも起こりうるものだといわれていますが，母親には病気だという認識がなく，つらい気持ちをなかなか自分から打ち明けることができません。産後うつ病の女性のうち自発的に医療機関を受診する人は約 1 割ともいわれているのはそのためです。しかし，産後うつ病は治療が必要な病気で，悪化すると自殺や心中に至ることもあります。東京都 23 区の調査では，2005 年から 2014 年までの 10 年間の妊産婦の自殺者は 63 人（自殺の時期は産後が妊娠中の 2 倍）で，出生 10 万件あたりの自殺率を算出すると 8.7 人でした[2)]。他国の調査ではイギリスが 2.3 人，スウェーデンが 3.7 人であったことから，東京の自殺率が大変高いことがわかります。母親や赤ちゃんが大切な命を落とすことのないように，周囲の人たちの産後うつ病への理解が求められています。

事例　産後うつ病になった A さん

A さんは里帰りで初めての子どもを出産し，産後 3 週間して自宅に戻りました。夫は子どもをとてもかわいがっていましたが，仕事が忙しくいつも帰宅は夜になりました。ですから，A さんは家事と育児をほぼ一人で担うことになりました。2 か月たった頃から A さんは気持ちが沈んで一日をぼーっとして過ごすようになりました。家事や育児の動きがゆっくりになり，食事の支度をしようにもメニューを決めることができなくなりました。また，夜眠れなくなり，今まで大好きだったテレビ番組もおもしろいと思えなくなりました。A さんは赤ちゃんの世話ができなくなり，「私はダメな母親」，「私なんて死んだ方がマシ」などと口にするようになりました。

A さんは，自分では疲れているから元気が出ないのだろうと思っていました。産後は，出産や育児の疲れに加えて，夜中の授乳で睡眠が不規則になるため，体の不調はそのせいだと考えたからです。産後うつ病は母親自身がつらいのはもちろんですが，赤ちゃんの発達に影響を与えます。赤ちゃんがおなかをすかせて泣いても母親はすぐには動くことができません。オムツを替えなくてはと思っても，なかなか行動に移すことができません。赤ちゃんの要求に応えられず，赤ちゃんを抱っこして微笑みかけたり，話しかけたりすることも難しくなるため，そのような状態が続けば愛着の形成にも問題が生じます。

産後うつ病は父親にも影響を与えます。うつ病からの回復には，父親が家事や育児の手助けをしたり，母親のつらい気持ちに寄り添ったりすることが大切です。そのため，仕事を休みにくい父親の場合は時間の融通が利く仕事に転職をする人もいます。一方，父親自身も妻の出産後にうつ状態になるリスクがあるという報告もあります[3)]。

事例　出産直後に育児を拒否したBさん

Bさんは妊娠中から不安を強く訴えていました。そして，出産後はベビーベッドにタオルをかけて，赤ちゃんの顔が見えないようにして寝ていました。担当の看護師が母乳を飲ませましょうと声をかけましたが，Bさんはミルクにしてほしいと言って授乳を拒否しました。赤ちゃんの顔を見るとつらくなる。自分はダメな母親だから育てることはできないと言って，抱っこをすることも嫌がりました。Bさんは口数も少なくなり，不眠を訴えるようになりました。Bさんが育児を拒否したため，赤ちゃんは一時保護され，その間にBさんはうつ病の治療をしました。3か月経って症状が落ち着いてくると，Bさんは赤ちゃんをだっこすることができるようになりました。だっこすることで赤ちゃんをかわいいと思えるようになり，少しずつ赤ちゃんと過ごす時間を長くしていき，しばらくして赤ちゃんは無事にBさんのもとに引き取られていきました。

産後うつ病はBさんのように出産後すぐに発症することもあります。実はBさんは，子どもの頃虐待を受けていました。産後うつ病にかかる女性の中には，Bさんのようにつらい養育体験をもっている人たちがいます。Bさんは夫の協力もあり，自宅で育児ができるように回復しましたが，子育てをしていると，自分の子どもの頃を思い出すことが多くなり，過去のつらい経験が頭に浮かびます。また，子育てのお手本がなく，どうしたらよいのか悩むことも多くなるため，相談にのってもらえる場所や人が必要になります。産後うつ病は第1子に限らず第2子や第3子の出産でも発症します。保育者は，出産前後の保護者やきょうだいたちの様子にいつも以上に注意を払い，小さな変化も見逃さずに対応できるように心がけておくことが大切でしょう。

2. 育児不安

育児不安については第2章でも触れましたが，保護者の中には子育てに対する不安や負担感，社会からの孤立などのため，子どもの成長を喜び育児を楽しむことができない状態になっているケースがあります。子育てをしていると，次々と心配なことがでてきます。傍から見ると些細なことのようであっても，初めての子どもを育てている親にとっては心配の種になります。今はネットで何でも簡単に調べられますが，子どもの発達は個人差が大きく，家庭環境によっても異なるため，調べれば調べるほどますます不安になることもあります。

事例　言葉の発達を心配する母

Ｎちゃんは１歳７か月の男の子です。意味のあることばをまだ話さないため，母が心配して保健所に相談に来ました。「周りの子たちがママとか，ブーブーとか言っているのに，うちの子はまだ何も言いません。いつになったらしゃべるようになるのか，心配でたまりません。児童館のサークルでも仲良しの子はみんなしゃべり始めていて，行くのがつらくなってきました。どうやったら早くしゃべるようになるのですか？　絵本を読めばいいのですか？　読もうと思っても，この子はすぐにどこかへ行ってしまうのですが，それでも読んだ方がいいのですか？」と早口で一気に言いました。相談員がことばの発達について説明し，今の時期は一緒に楽しく遊ぶことが大切ですよと話したところ，今度は「遊ぶと言っても，どうやって遊べばいいのかわかりません。どんなオモチャがいいのですか？」と聞いてきました。

Ｎちゃんの両親はどちらも実家が遠いので，子育ての手助けをしてもらうことはできません。母は散歩や買い物以外のほとんどの時間を家でＮちゃんと二人だけで過ごしています。母は小さい子どもと接する経験がないまま親になり，育児はわからないことだらけですが，気軽に相談できる人は身近にいません。ハイハイや歩き始めの時期は周りの赤ちゃんたちと同じだったので特に気にすることはありませんでしたが，ことばについては違いました。どうしてＮちゃんだけが遅いのか，母は混乱していました。夫に話しても，そのうちしゃべるよと言うだけでした。母はＮちゃんに対して，ことばを教えなくてはと強く思っていたので，話しかける時にはいつも厳しい表情になっていました。これでは，Ｎちゃんは楽しくなく，すぐに母のそばから離れてしまいます。母はことばのことで頭がいっぱいになり，不安がどんどん強くなっていました。

私たちは誰でも何かが気になり始めると，そのことについて敏感になります。例えば，子どもの指しゃぶりが気になり始めると，そればかりが目につくようになります。そして，指しゃぶりを見つけるたびに，「やめなさい！」と注意するようになってしまいます。オムツがなかなか取れない時にも，子どもの顔を見るたびに「おしっこは？」，「トイレ行こうか？」などと言ってしまいます。それでは母も子も楽しくありません。

事例　子どもが懐いてくれない母

Sちゃんは，3歳児健診に父親と二人で仲良くやって来ました。父親は相談員に次のような質問をしました。

「Sの母親，つまり僕の妻は，『なぜSは，私が手をかけて毎日一生懸命世話をしているのに私に懐かないのか？』と悩んでいます。確かに今日もSは，『パパと二人でないと行かない』と言い張っていました。妻には下の子（7か月男児）の世話があるので今日は僕が連れて来ましたが，妻に自信をつけさせるには，僕はどのようにすればよいのでしょうか？」

一生懸命育てている子どもが自分に懐いてくれないので，Sちゃんの母は悲しい気持ちで育児をしています。「ママ～！」と甘えている子どもたちを見るたびに，どうしてうちの子はと思ってしまうことでしょう。

育児不安は特別なことではなく，多くの保護者が経験することです。子どもが保育園に通っている家庭のほとんどは共働きであるため，保護者は社会とのつながりを持っています。しかし，職場で子育ての悩みを相談できるとは限りません。忙しい生活の中では送り迎えも慌ただしく，保育者とゆっくり話をすることもできません。そのため，最初は小さな悩みでもだんだん大きくなっていきます。保護者の不安や負担感が強い状態が続くと不適切な養育につながることもあり，子どもに与える影響も大きくなります。そうならないために保育園では子どもに対する保護者の態度の変化などに気をつけておくことが必要です。また，できるだけ他の親子と交流ができるような工夫や働きかけを行って，保護者同士で情報交換や育児の相談ができる雰囲気を作ることが大切です。一人で悩まず楽しく育児をしていくためには，子育ての喜びや悩みを共有できる仲間の存在が重要だからです。

3．低出生体重児を育てている家庭

出生体重が2,500g未満の赤ちゃんを**低出生体重児**と呼びます（以前は未熟児と呼んでいました）。低出生体重児のうち，出生体重が1,500g未満を極低出生体重児，1,000g未満を超低出生体重児といいます[4)]。生まれてくる赤ちゃんのうち低出生体重児の占める割合は約10%で，母親の年齢で見ると10代と40

代が多くなっています。

極低出生体重児の多くは早産のため，保育器の中で体温管理などを行い集中的な治療を受けます。そのような新生児集中治療室のことを NICU（Neonatal Intensive Care Unit）といいます。突然の出産で，赤ちゃんが NICU に入ることになり，両親は不安でいっぱいになります。通常のお産であればすぐに母子同室になることも可能ですが，NICU に入っていると赤ちゃんの状態が落ち着くまで姿を見ることも触れることもできない場合があります。そこで，病院によっては専門の看護師が母親の不安や心配事に耳を傾け，気持ちに寄り添って支えていきます。そして，赤ちゃんの状態が落ち着き次第，母親が保育器に手を入れて赤ちゃんに触って，話しかけられるようにしていきます。赤ちゃんと離れている時間が長くなることで，母親としての自覚がもちにくくなり，愛着の形成がうまくいかなくなることがあるからです。赤ちゃんが順調に育っていくと，母は初めて赤ちゃんをだっこすることができるようになり，退院が近づくとミルクを飲ませたり，沐浴の練習もします。そうすることで，母親としての自覚がさらに強くなり，自宅に赤ちゃんを迎える心の準備も整っていきます。赤ちゃんの状態によっては，いきなり退院をせずに何回かの外泊を経験して家庭生活に慣れてから退院することもあります。

事例　極低出生体重児の母

D さんは早産で 1,100g の赤ちゃんを出産し，赤ちゃんはすぐに NICU に入りました。赤ちゃんの姿を見たくても，自由に見ることができませんし，しばらくは触ることもできませんでした。大変な思いをして産んだ赤ちゃんなのに自分にできることは何もなく，想像していた出産とまるで違う状況に，D さんは気持ちが落ち込んでしまいました。保育器の中で寝ている赤ちゃんに触ってみても，D さんには母親になったという実感が持てませんでした。その後，赤ちゃんは順調に成長して，だっこすることができるようになりました。D さんは赤ちゃんをだっこした時に，小さな赤ちゃんの重みを実感しました。自分の腕の中で手足を動かして元気に生きている姿を見て，初めて赤ちゃんをとてもいとおしいと感じることができたのです。

低出生体重児の多くは，予定よりも早く突然の出産になるため，心の準備も整わないうちに赤ちゃんの誕生を迎え，赤ちゃんの退院後は複雑な気持ちが入り混じった状態で育児を始めることになります。家族の一員として子どもを迎えることの喜びや，大変な状態を生き抜いてくれたことへの喜びや，自分自身で育児ができる喜びも感じます。これから始まる大変な育児を前に，家族のつながりが深まることもあります。このようなポジティブな気持ちの一方で，ネガティブな気持ちもあります。小さく産んでしまった，もっと大きく育つまでおなかの中においておけなかったという罪責感が生じます。NICUに入っている間は，何もしてあげられない時間が続き，小さな体に酸素や栄養を送るためのチューブが何本もつけられている姿を見ると，ますます子どもに申し訳ない気持ちを強く持つようになることがあります。また，その時の子どもの健康状態への不安だけでなく，将来についての不安も大きくなります。自責の念や罪悪感といったネガティブな気持ちは簡単に人に話すことができないため，母が一人で思い悩むことのないように周囲の見守りが必要です。

保育園には低出生体重児として生まれた子どもたちも入園してきます。年少児では特に他の子どもたちとの体格の違いや発達の遅れが目立つことも多いでしょう。保護者は子どもの発達について大きな不安をかかえながら育児をしているので，保育者はまず保護者の心配な気持ちをしっかり受け止めることが大切です。その上で子どもの成長の様子を保護者が理解し実感できるようにわかりやすく伝えていくことができるとよいでしょう。保育者が子どものことをしっかり見ていてくれることがわかれば，保護者の気持ちの負担は軽くなると思われます。

4. 子どもに病気や障害がある家庭

子どもに疾患がある場合には，生まれてすぐに手術を受けたり，入退院を繰り返すなど育児は心配の連続です。運動発達や知的発達に遅れや障害がある場合も同様に不安や心配の連続です。病気や障害がある子どもに対しては，保護者の心配事が多いだけでなく，実際に育児に手がかかることが大変多くなります。そのため家族や周囲の協力が欠かせません。

事例　発達に遅れのある子どもの母親

３歳の男の子Ｆくんは低身長で保育園のクラスの中でも小さくて目立っています。また，全体的な発達の遅れもあり，年齢よりもずっと幼く見えます。Ｆくんの母親は，Ｆくんの遅れについて理解はしているようでしたが，人懐っこくて甘えん坊のＦくんがかわいくて，赤ちゃんのように接するところがありました。ところが，Ｆくんに弟が生まれた頃から母親の態度が変わってきました。Ｆくんのできないところばかりが目について，何でも母親にやってほしがるＦくんに対して，イライラして大声で叱ることが多くなったのです。

Ｆくんの母親は，Ｆくんについてイライラしてしまうことを自分から伝えてきました。保育者は登園時に母親がＦくんを叱る場面を何度も見ていたので，母親の話をゆっくり聞くことが必要だと考えて園長との面談を設定し，合わせて保健所の育児相談の利用も提案しました。また，保育者はＦくんの発達の遅れも気になっていたため，そのことを具体的に母親に伝えて療育センターに相談に行くことを勧めました。Ｆくんに合った働きかけをすることでＦくんが成長するとともに，母親にもＦくんとの接し方を考えてもらうことができるからです。

保護者にとって，子どもの障害や発達の遅れを認めることは簡単ではありません。わかっていても気づかないふりをしたり，保育者から指摘されても，家ではそんなことはないと否定することはよくあります。本当は不安で，毎日の育児に困っているにもかかわらず，そのことを打ち明けると子どもの障害や遅れを認めてしまうことになりそうで，自分からは話すことができないからです。そのような場合には保育参観などの機会を利用して集団の中での子どもの様子を見てもらい，丁寧に説明することが大切です。また，１回でわかってもらえなくても，これからどうしていったらよいのかを一緒に考えていきましょうと伝えることで，親は気持ちを話しやすくなります。

5. 保護者が病気や障害をかかえている家庭について

保護者が病気や障害をかかえている家庭では，病気の治療のために定期的に通院しなくてはならない場合や，障害があって日々の生活や育児に困難をかかえている場合もあります。特に精神疾患の場合はその日の体調によって，子どもとの接し方が変化することもあるため，子どもは保護者の顔色を見ながら生活していることもあります。

事例　うつ病を患う母

Hちゃん（3歳）の母親はうつ病を患い，家事や育児ができない時期がありました。その間は父親が家事をしたり，近くに住む祖父母が育児の手助けをしていましたが，Hちゃんが保育園に入園する頃には母親は回復し，毎朝きちんと登園することができました。Hちゃんにはことばの遅れがありました。また，人とのやりとりがうまくできず，話しかけても何も答えなかったり，独り言をぶつぶつ言っていることもありました。友だちともうまく遊べませんでした。

Hちゃんはご飯を食べるのがとても速いのですが，スプーンをグーで握っていました。また，お絵描きの時のクレヨンも同じようにグーで握っていました。保育者は気が付いた時にはいつも声かけをしていましたが，なかなか正しい持ち方になりません。そこで，そのことを母親に伝えて家でも練習をしてもらいたいと思いましたが，母親が気にしてしまうのではと考えると，言い出せないでいました。

Hちゃんの母親は少し厳しい感じの人でした。まじめな性格のため，家で練習してくださいと保育者から言われると，母親は毎日食事のたびにHちゃんに厳しく教えようとすることが予想されます。また，みんなができていることがHちゃんにはできないとわかると，母親が自分のしつけが悪いからだと思い悩んでしまうことも保育者は心配でした。せっかくうつ病が回復しつつあるときに，気分が落ち込んでしまうようなことは避けたいからです。

保護者のどちらかが精神疾患を患っている家庭はどこの園でもあるでしょう。Hちゃんのように入園のときから事情がわかっている場合もありますが，保護者の方から事情を伝えてもらえるケースは少ないと思われます。保護者の様子を見てイライラしていたり，表情が暗い時などはさりげなく声をかけてみるとよいでしょう。また，子どもの食事や睡眠といった生活リズム，衣服の状態，忘れ物の有無などから，普段と違う様子が見えてくることもあります。保護者の体調が悪いときは，子どもが情緒不安定になっていることもあります。子どもの様子がいつもと違うと感じられるときには，保護者の心身の状態に問題がないか注意深く見ていくことが必要です。担任だけではよくわからないこともあるので，他の保育者とも協力して情報交換をしながら保護者を見守っていけるとよいでしょう。

厚生労働省の子ども虐待対応の手引き[5]では，虐待に至るおそれのある要因として，保護者側のリスク要因の中には，早産などの理由により子どもへの愛着形成が十分に行われていないこと，マタニティブルーズや産後うつ病等精神的に不安定な状況，育児に対する不安やストレス，医療につながっていない精神障害等があり，子ども側のリスク要因の中には未熟児や障害児が含まれています。この章でとりあげたケースはどれも虐待につながりかねないということです。虐待は子どもの心身を深く傷つけるだけでなく，その次の世代にまで重大な影響を及ぼす可能性があるため，何としても防がなくてはなりません。日々子どもに関わる保育者は，子育て中の家庭を支援し，子どもを守ることのできる重要な立場にあります。親と子の小さな変化を見逃さず，必要な場合は他機関とも協力して，根気よく関わっていくことが求められます。

考えてみよう

1. 「子どもが懐いてくれない母」の事例について，子どもが自分に懐いてくれない母親に対して，どのようなことばかけをすることができるでしょうか。
2. 「うつ病を患う母」の事例について，H ちゃんはその後スプーンもクレヨンも上手に持てるようになりました。保育者は母親に対してどのように伝えたのでしょうか。

引用文献

1　齋藤知見（2019）．周産期ボンディング障害と抑うつ　北村俊則（編著）　周産期ボンディングとボンディング障害―子どもを愛せない親たち（pp.41-51）　ミネルヴァ書房
2　第6回周産期医療体制のあり方に関する検討会（2016）．資料3：「うつ病等の精神疾患合併妊産婦の診療と支援について」
3　読売新聞（2019）．妻の出産　夫もうつ状態　2019年8月22日 読売新聞朝刊
4　厚生労働省（2012）．低出生体重児保健指導マニュアル―小さく生まれた赤ちゃんの地域支援―　大阪府立母子保健総合医療センター
5　厚生労働省（2007）．子ども虐待対応の手引き　第2章　発生予防

5 不適切な養育等が疑われる家庭

1. 不適切な養育・マルトリートメントとは

不適切な養育とはどのようなものかを考える時，全国保育士会倫理綱領にある一文が参考になります。それは「子どもの発達保障」に関する保育士の責務を述べた項目「(保育士は) 一人ひとりの子どもが心身ともに健康，安全で情緒の安定した生活ができる環境を用意し，生きる喜びと力を育むことを基本として，その健やかな育ちを支えます」という部分です。子どもはすべて，ここに書かれているような環境で，安心して健やかに育つ権利をもっています。それは，保育の場でも，家庭の場でも同じです。しかし，子育て中の保護者に，子どもを育てることについての感想を求めると，実にさまざまな答えが返ってきます (第2章第2節)。保護者にとって子育ては，喜びや楽しさがある一方で，焦りやいらだち，不安，不満といった感情も含みます。そして，保護者自身の心身に不調があったり，貧困など家庭環境に問題がある場合に，それは子どもへの関わりにマイナスの影響を及ぼし，子どもに対しての不適切な養育のリスクを高める要因となることも不思議ではありません。

不適切な養育を受けている子どもが，そのことを自分から訴えることは稀です。したがって，周囲がいち早く気付くことが必要ですが，保育の場は，家庭における不適切な養育の発見を可能にするという意味で，大きな役割・責任を担っています。そして保育者には，子どもが見せるさまざまな様子，わずかな兆候を見逃さず，不適切な養育に気づく敏感性が求められています。

なお，不適切な養育をあらわす用語として，**マルトリートメント**という言葉が使われることがあります。諸外国では，身体的・性的・心理的虐待およびネグレクトを表す「マルトリートメント」（不適切な養育）という概念が一般化しています。マルトリートメントは，次節でとりあげる**虐待**と同義的にも使われますが，さらに広い意味をもつ概念です。例えば，次の事例は，親が子どものためと思って行っていることが，実は子どもの気持ちや体調を気遣えず，子どもへの支配になってしまっている例です。虐待を含め，子どもの心やからだを傷つけるような行為は，すべてマルトリートメントと考えてよいでしょう。

事例　この子のためによかれと思って

５歳児のＪちゃんは，母親の仕事が早く終わる木曜は，保育園から帰ると母親と一緒に幼児学習塾に通っています。両親とも仕事が忙しく，小学校に入学後も勉強に困らないようにと，母親が何とか時間を作り，昨年から通い始めたのですが，その他にも火曜日はダンス，木曜日はピアノで金曜日は英語と，近所に住む祖父母が送迎を引き受けて，毎日習い事に通っています。母親は，個人面談の時に，「学習塾の宿題を帰ってから見てやるのですが，どうしてこんな簡単なことがわからないのかと情けなくなって，そんなことじゃ小学校に行けないよ，とはっぱをかけています」と明るく話すのが，保育者にはかえって気になっています。Ｊちゃんは大人しい性格で，保育園でもほとんど自己主張しないのですが，ある時保育者に「（仲良しの）Ｉちゃんが通っているスイミングに一緒に行きたいけど，ママがスイミングは行かなくていいって言うの」と打ち明けました。また，Ｊちゃんは最近，よくあくびをして眠そうにしていることがあります。保育者はそれも気になっています。

2. 児童虐待

不適切な養育の代表的なものは**児童虐待**です。

(1) 児童虐待とは

虐待は，子どもの健全な育ちを大きく阻害するだけでなく，影響が次の世代に引き継がれる恐れもある深刻な問題です。平成 12（2000）年に制定された「児童虐待防止等に関する法律」（以下，児童虐待防止法）では，虐待を次のように定義しています。

「児童虐待」とは，保護者（親権を行う者，未成年後見人その他の者で，児童を現に監護するものをいう。以下同じ。）がその監護する児童（十八歳に満たない者をいう。以下同じ。）について行う次に掲げる行為をいう。

一　児童の身体に外傷が生じ，又は生じるおそれのある暴行を加えること。

二　児童にわいせつな行為をすること又は児童をしてわいせつな行為をさせること。

三　児童の心身の正常な発達を妨げるような著しい減食又は長時間の放置，保護者以外の同居人による前二号又は次号に掲げる行為と同様の行為の放置その他の保護者としての監護を著しく怠ること。

四　児童に対する著しい暴言又は著しく拒絶的な対応，児童が同居する家庭における配偶者に対する暴力（配偶者（婚姻の届出をしていないが，事実上婚姻関係と同様の事情にある者を含む。）の身体に対する不法な攻撃であって生命又は身体に危害を及ぼすもの及びこれに準ずる心身に有害な影響を及ぼす言動をいう。）その他の児童に著しい心理的外傷を与える言動を行うこと。

上記を踏まえ，厚生労働省は虐待を4種類に分類しています（表3-5-1）。

(2) 虐待の現状

令和3年度中に児童相談所が対応した養護相談のうち児童虐待相談の対応件数は207,660件で，前年度に比べ2,616件（1.3%）増えており，年々増加して

表3-5-1　虐待の種類と内容（厚生労働省ホームページ）[1)]

種類	内容
身体的虐待	殴る，蹴る，叩く，投げ落とす，激しく揺さぶる，やけどを負わせる，溺れさせる，首を絞める，縄などにより一室に拘束する　など
性的虐待	子どもへの性的行為，性的行為を見せる，性器を触る又は触らせる，ポルノグラフィの被写体にする　など
ネグレクト	家に閉じ込める，食事を与えない，ひどく不潔にする，自動車の中に放置する，重い病気になっても病院に連れて行かない　など
心理的虐待	言葉による脅し，無視，きょうだい間での差別的扱い，子どもの目の前で家族に対して暴力をふるう（ドメスティック・バイオレンス：DV），きょうだいに虐待行為を行う　など

います。被虐待者の年齢別にみると「3 歳」が 14,035 件と最も多く，次いで「1 歳」が 13,593 件，「2 歳」が 13,368 件となっています。相談の種別をみると，「心理的虐待」が 124,724 件と最も多く，次いで「身体的虐待」が 49,241 件となっています（図 3-5-1）。また，主な虐待者別構成割合をみると「実母」が 47.5%と最も多く，次いで「実父」が 41.5%となっており，「実父」の構成割合は年々上昇していることが分かります（図 3-5-2）。

虐待を行った保護者が「虐待ではなくしつけである」と述べることはよくあることです。そして，しつけと虐待を明確に区別することは難しいのです。しかし，虐待か否かは，どのような状況であっても，あくまでも子どもの側に立って判断すべきです。上に述べたように，子どもにとって心身ともに健康，安全で情緒の安定した生活が少しでも脅かされれば，それは虐待です。

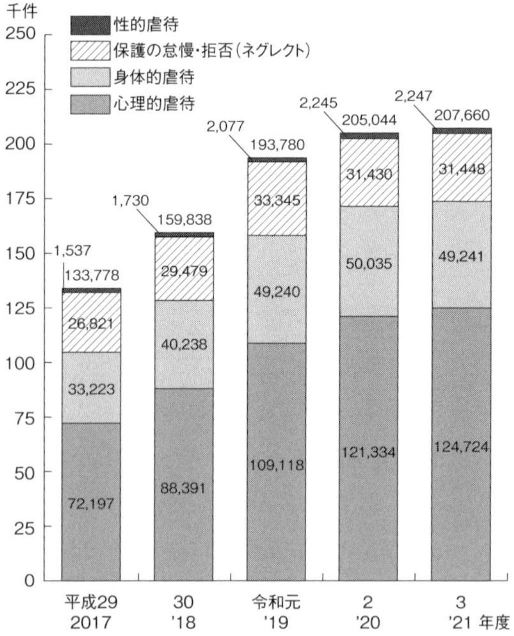

図 3-5-1　児童虐待の相談種別対応件数の年次推移（厚生労働省，2023）[2)]

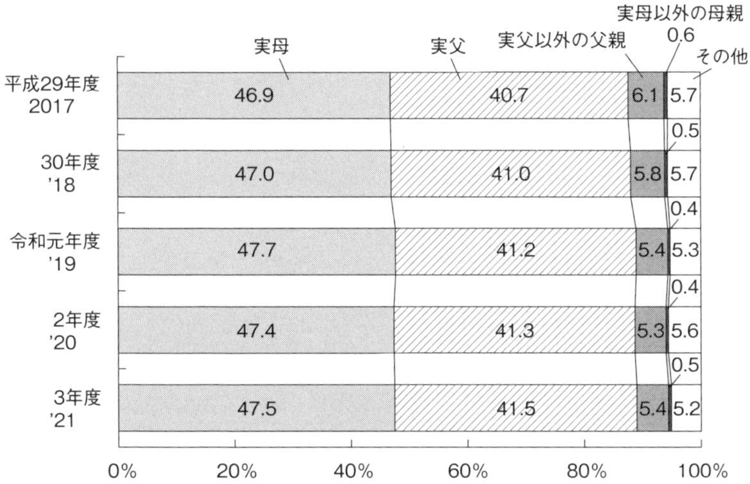

図 3-5-2　児童虐待相談における主な虐待者別構成割合の年次推移（厚生労働省，2023）[2]

(3) なぜ虐待が起きるのか

多くの場合，虐待が起きる背景には複数の要因が存在しており，それらが絡まり合っています。単純には説明できませんが，「子ども虐待対応の手引」[3]では，大きく 4 つの要因が考えられるとしています（表 3-5-2）。

ここでは，保護者側の要因，子ども側の要因，養育環境の要因について考えてみましょう。

①保護者側の要因

親なら誰でも子どもに対しての愛情や関心，養護性が高いものだという見方には，科学的な根拠はありません。表 3-5-2 にあるようなさまざまな要因や状況により子どもを受容できず，子どもとの距離が開いていく過程で虐待が起きる危険性は，どの保護者にもあると考えてよいでしょう。近年は少子化，核家族化の中で，地域の中でも孤立した子育てをしている保護者が増えています。誰にも相談できず，自分と子どもの二者関係の中で育児不安を高めたり，保護者自身の自己評価が低下してしまうことも虐待につながります。

②子ども側の要因

保護者があふれるような愛情や共感性をもって育児にあたったとしても，それに対する子どもからの反応が極めて乏しいというような場合に，保護者の育

表3-5-2　虐待に至るおそれのある要因・虐待のリスクとして留意すべき点（厚生労働省，2014）[3]

虐待に至るおそれのある要因・虐待のリスクとして留意すべき点
1. 保護者側のリスク要因 ・妊娠そのものを受容することが困難（望まない妊娠） ・若年の妊娠 ・子どもへの愛着形成が十分に行われていない（妊娠中に早産等何らかの問題が発生したことで胎児への受容に影響がある。子どもの長期入院など） ・マタニティーブルーズや産後うつ病等精神的に不安定な状況 ・性格が攻撃的・衝動的，あるいはパーソナリティの障害 ・精神障害，知的障害，慢性疾患，アルコール依存，薬物依存等 ・保護者の被虐待経験 ・育児に対する不安（保護者が未熟等），育児の知識や技術の不足 ・体罰容認などの暴力への親和性 ・特異な育児観，脅迫的な育児，子どもの発達を無視した過度な要求　等
2. 子ども側のリスク要因 ・乳児期の子ども ・低出生体重児 ・障害児 ・多胎児 ・保護者にとって何らかの育てにくさを持っている子ども　等
3. 養育環境のリスク要因 ・経済的に不安定な家庭 ・親族や地域社会から孤立した家庭 ・未婚を含むひとり親家庭 ・内縁者や同居人がいる家庭 ・子連れの再婚家庭 ・転居を繰り返す家庭 ・保護者の不安定な就労や転職の繰り返し ・夫婦間不和，配偶者からの暴力（DV）等不安定な状況にある家庭　等
4. その他虐待のリスクが高いと想定される場合 ・妊娠の届け出が遅い，母子健康手帳未交付，妊婦健康診査見受診，乳幼児健康診査見受診 ・飛び込み出産，医師や助産師の立ち合いがない自宅での分娩 ・きょうだいへの虐待歴 ・関係機関からの支援の拒否　等

児への情熱や，子どもをかわいいと思う心が変化していくことがあります。また，子どもが生まれる前に，保護者が思い描いていた子ども像と現実との間に何らかのずれが出てくることもあります。そうした場合，子どもに対して否定的な思いが生まれ，保護者のイメージ通りの子どもにしたいあまりに，強制的，高圧的な不適切な関わりになることがあります。

③養育環境の要因

本章第３節でとりあげた貧困家庭のように，経済的に苦しく，余裕のない生活の中で，手のかかる子どもの世話をすることは，保護者にとってかなりのストレスになります。そうした環境の中では，保護者の苛立ちが，直接子どもに向かってしまったり，あるいは生活のゆとりのなさから，必要な世話を放棄してしまうこともあるでしょう。

（4）虐待が子どもに及ぼす影響

虐待は子どもの育ちに多大な影響を及ぼしますが，虐待のタイプや虐待を受けていた期間，子どもの年齢や性格によっても，どのような影響が見られるかが異なってきます。多くの場合，いくつかのタイプの虐待が複合していることにも注意が必要です。ここでは，虐待を受けた子どもに共通して見られるとされている心身への影響についてとりあげ，考えます。

①身体面への影響

身体への暴力は打撲，切創，熱傷，骨折，鼓膜穿孔，頭蓋内出血など，外から見える形であれ見えない形であれ，子どもの身体を傷つけます。身体的虐待が重篤な場合には，後遺症として重い障害が残ったり，最悪の場合は死に至ることもあります。また，虐待を受けた子どもには低体重や低身長が見られることが多いですが，これは単なる栄養失調や成長ホルモンの不足だけでは説明できないこともあります。なぜなら，虐待状況から救出され，安定した環境で手厚い保護が受けられるようになると，急速な成長を見せることもあるからです[4)]。

②脳への影響

最近の研究で，虐待が脳の機能や発達に与える影響の大きさがわかってきています[5)]。従来から，ストレスの影響を受けやすい部位として，**海馬**と**扁桃体**が知られています。海馬は記憶をつかさどる器官です。扁桃体は恐怖や不安，悲しみなどの情動・感情の処理や不安，緊張，恐怖に関する器官で，海馬から送られてきた記憶情報が快か不快かを判断して，それを海馬に送り返します。さらに，脳の前頭前野は，海馬や扁桃体の動きをコントロールします。ひどい身体的虐待を経験したグループとそうでないグループの脳を比べた研究では，虐待を経験したグループの前頭前野の容積が小さくなっていました。このことは，虐待が記憶力や学習，集中力を低下させ，感情や行動のコントロールが適切にできない状態を生み出すことにつながります。また，脳は，虐待によるストレスを受け続けると，**コルチゾール**というホルモンを多量に分泌しますが，コルチゾールは海馬や扁桃体の働きに悪影響を与えるため，虐待を受けた子どもの脳の発達にも影響が及びます。

また，自分が直接的な暴力を受けないとしても，両親間など家庭内での暴力を目撃することが，子どもの不適応を生じさせることがわかってきています。暴力を目撃すると視覚野が縮小し，視覚記憶に悪影響を及ぼし，知能や学習能力の低下につながることが明らかにされています。

③情緒面・行動面への影響

虐待を受けている子どもは，強い不安や抑うつ性，自尊心や自己肯定感の低下，あるいは攻撃性や興奮しやすさ，自律心の乏しさといった情緒面の問題を抱えがちです。

私たちは通常，何か不快な場面に遭遇すると，そこから逃げ出すためにどうしたらいいか考え，それを実行しようとします。しかし，いくら努力しても，問題が解決しない状況に長く置かれると，逃れようと努力すること自体をあきらめてしまいます。これを**学習性無力感**といいますが，常に虐待され続けていると，次第に自分がその状況に対して積極的に行動しても，何も望ましい結果を生み出さないという学習が成立し，無気力，無反応や抑うつ感に陥ってしまいます。

一方，攻撃性，衝動性の高さが顕著になる場合は，子どもは自分が受けている暴力や暴言という行為を学習し，その結果自分も暴力や暴言で問題を解決しようとしている可能性があります。また，刺激に対して過敏になり，ADHD との判別が困難な多動性が顕著になることもあります。

④自尊心，自己肯定感の低下

第1章第1節にあるように，子どもは一番身近にいて，自分の世話をし，育ててくれる大人に対して**愛着**を形成することにより，安心感を得て育っていきます。ところが，自分が頼りたい相手から虐待を受けてしまうと，「自分が悪い子だから，可愛がってもらえないのだ」と考える傾向があります。つまり，自尊心や自己肯定感をもつことが大変難しくなります。そして，可愛がってもらうために，親の顔色を見ながら，できるだけ親の意向に沿うように行動しようとします。また，虐待が発覚し，第三者がそのことについて子ども自身に確かめようと質問をしても，子どもは親をかばうことも広く知られているところです。

⑤対人行動・社会性の面への影響

前項でも述べたとおり，乳幼児期の発達過程において，愛着の形成は大変重要です。子どもにとって最も安心を与えられる存在であるはずの保護者から虐待を受けることにより，子どもは愛着対象（保護者または養育者）との基本的な信頼関係を構築することができなくなります。その結果，**愛着障害**が引き起こされる可能性が高くなります。愛着障害は人に対して過度の恐怖心や警戒心をもって反応する「反応性愛着障害」と，相手に不自然なほどになれなれしい態度を示すかと思えば，急に冷淡になるなど一貫性のない不安定な態度を示す「脱抑制型対人交流障害」に分けられます。こうした不安定な人間関係は，成人の後にまで続きがちであることがわかっています。

また，ネグレクトのような場合，精神的に不安定な保護者に代わって，大人としての役割分担を果たさなければならないようなこともあり，その年齢の子どもとは思えない大人びた言動をとることがあります。これを**偽成熟性**といいます。一見物わかりのよい，よく気がつく子どもに思える一方で，思春期などに問題を表出してくることもあります。

⑥知的発達面への影響

安心できない不安定な環境は，落ち着いて学習する機会を子どもから奪います。ネグレクトの状態だと，保育所，幼稚園，学校などに通うこともままならない場合があり，もともとの能力に比して知的な発達が十分に得られないことがあります。また，虐待する保護者は子どもの知的発達にとって必要なやりとりを行わなかったり，逆に年齢や発達レベルにそぐわない過大な要求をして，結果的に知的発達を阻害してしまうことがあります。

⑦虐待が引き起こす精神症状―PTSD―

被虐待体験は，**トラウマ**となって，子どもの心の健康を損ないます。トラウマとは，個人がもっている通常の対処法では対処することができないような著しい心理ストレス（**心的外傷体験**）のことです。極度の恐怖を伴う虐待のようなトラウマ体験の記憶は，通常の記憶処理がなされず，非常に鮮明で断片的なトラウマ性の記憶として脳に保存される可能性があり，その結果，**PTSD（心的外傷後ストレス障害）**が引き起こされます。そして，トラウマの記憶がフラッシュバックや悪夢となって子どもを襲います。思春期や成人に達してから後にも，問題行動が出現することは珍しくありません。強い防衛機制から，解離が発生し，**解離性同一障害**に発展する恐れもあります。

以上のように，虐待は子どもの心身に深い傷跡を残し，その回復のためには長期間の治療やケアが必要となります。

(5) 被虐待児，保護者への支援

平成16（2004）年に公布された児童虐待防止法改正法により，通告の対象が「児童虐待を受けた児童」から「児童虐待を受けたと思われる児童」に拡大されました。保育者には，より一層の責任が課せられたといえるでしょう。では，虐待を受けた子どもに対して，保育者にはどのような支援ができるでしょうか。また，虐待をしてしまった保護者への支援はどのように考えたらよいでしょうか。

①子どもへの支援

子どもが在宅の場合は，保育所の役割は，安心できる場所を提供することです。保育者は子どもの心身の状態に変化がないかの観察を続け，家庭とは違う価値観を経験できるように，生活や遊びの中で子どものストレスの軽減，子ども同士の人間関係の形成，大人との信頼関係の形成を丁寧に図っていくことが望まれます。虐待を受けた子どもの中には，どこまでやれば叱られるかを試すために，大人に対してネガティブな行動（困らせるような行動，叱らざるを得ないような行動）をとることがあります。こうした行動に対する対応は，保育者自身にもストレスをもたらすものですが，そうせざるを得ない子どもの状況をできるだけ汲み取り，自分自身の心の健康も保ちながら，根気強い対応を続ける必要があります。

トラウマを抱えた子どもへの専門的治療としては，**遊戯療法**や**認知行動療法**などの心理療法があります。日常生活の中でのケアと，個別の専門的なケアが並行して行われるのが望ましいのです。

②虐待をする保護者の心理

西澤[6]は，独自に開発した「虐待心性評価尺度」（PAAI）を用いた調査と，虐待死亡事例の刑事裁判の判決文の分析によって，子どもへの虐待やネグレクトに至る保護者の心理状態の分析を試みています。その結果，虐待をする保護者には，しつけの方法として体罰を肯定するような見方，子どもの泣き声や自己主張が自分に向けられた悪意や敵意に感じてしまうような認知，および自己の欲求を優先する心理が存在していることを示唆しました。また，刑事裁判判決文の分析からは，保護者の暴力の背景に保護者自身の有能感の傷つきや，無力・無能感を力で補償しようとする支配性があること，母親のネグレクトの背景には依存性をめぐる問題があることも示されています。

虐待をしている保護者が「しつけである」と反論することはすでに述べました。これを単なる言い逃れとみることもできますが，緒方[7]は**認知的不協和理論**と呼ばれる心理学の考え方で説明しています。子どもへの虐待はあってはならないことで，虐待をする人間は許し難いというのが常識的な見方ですが，虐待をする保護者は①自分は悪い人間ではない，②子どもを虐待する人間は悪い人間である，③自分は子どもを虐待している，という３つの矛盾した状況に置かれていると仮定します。保護者は，こうした矛盾した状況に置かれると，何とかしてこれを解決しようとして，③の行為を「虐待ではなくしつけだ」という認知に置き換えて，自分の行為を虐待とはみなさなくなるというのです。緒方はさらに，虐待をする保護者は，自己を正当化する根拠が必要となり，それが子どもへの過剰期待であるとしています。過剰期待とは，子どもの発達段階や，特性を度外視した「この子はできるはずなのにやらない」，「約束したのに守れない」などの無理な要求のことです。こうした認知や思考回路が，どのような経緯を経て形成されたのかは個々の保護者により異なります。虐待をする保護者自身が被虐待経験をもつことが多いといわれていますが，一方で，被虐待経験をもちながらも虐待する保護者にはならない人たちもいるのです。こうした保護者自身の過去の経験が，前述したような認知，思考回路を作り出すとも考えられます。子どもに対するこのような認知に気づかせ，それを修正していくような教育的な関わりや専門的な支援が必要です。

事例　乱暴なＫくん

4月に他県から転園してきた3歳児クラスのＫくんは，ちょっとしたことに腹を立てやすく，すぐに手が出て友達を叩いたり蹴ったりしますが，その程度が3歳児には見えないくらい強烈なことが多いのです。また，はっきりした理由があってもなくても，友達に向かって「○○なんか，死んじゃえ！」というのが口癖です。保育者が「Ｋちゃん，そんなことは言わないで」と言うと，「先生なんかじゃま！あっち行け！」と言い返してきます。保育者は，Ｋくんを強く叱ることはせず，友達の気持ちをわからせるようにしながら教えたいのですが，Ｋくんの様子はまったく変わらず，行き詰まっている状態です。実は，Ｋくんの母親が，登園時はそそくさとＫくんの顔をよく見ることもしないで放り出すように置いていき，迎えに来た母親にＫくんが抱きついたり，手をつなごうとしても，それを振りほどくようにして，急き立てるように出ていくのが気がかりとなっています。

事例　ある母親が家庭訪問に来た保健師に語ったこと

生後1か月を過ぎた頃から，長男は夕方になると決まって大声で泣き出し，抱っこして歩き回ってもなかなか泣き止みません。毎日夕飯の支度もままならず，次第に長男の傍に行くのにも，顔を見るのにも大変緊張するようになってしまいました。こんな生活がもう2か月も続いています。夫に相談しましたが，夫は仕事も忙しく「赤ちゃんはそんなものだろう」,「君がまだ子育てに慣れないせいなんじゃないのか」と言うばかりで，私の心が休まるようなことは言ってくれません。ある日，泣き続ける長男にいつの間にか布団をかぶせて押さえている自分に気づき，はっとして手を離し，どうしようもない自己嫌悪に落ちこみました。

コラム　司法面接[8]

虐待があったことを立証するためには，被害に遭った子どもから，その状況を聞きとらなくてはなりません。しかし，辛い経験を思い出すことを要求することになる上，過去に起きた出来事を正確に言葉で話すことは大人でも難しいものです。事件や事故の被害者あるいは目撃者となった可能性がある子どもから「何があったか」について，心理的負担を最小限にしつつ，できるだけ正確な情報をできるだけ多く収集することを目指す面接法として，司法面接と呼ばれる方法があります。以下のような特徴があります。

・できるだけオープン質問を行う：「はい」「いいえ」で答えるような質問や「AかBか」というように限定された答えを求める質問はクローズド質問といいます。これは聞き手が子どもの答えを誘導しやすい質問であり，そうではないオープン質問，つまり「何があったのか話してください」「そして」「それで」という言葉で子どもの話を引き出していく方法です。

・面接はゆるやかに構造化されている：自由に話してもらうことが基本ですが，最初にラポールをとる（第1段階），次に自由報告を求める（第2段階），第2段階で話されなかったことなどを必要に応じて質問する（第3段階），子どもからの質問や希望を受け，感謝を伝えて面接を終える（第4段階）という，4つの段階を踏んですすめます。

以上のほかに，面接は複数の職種で構成されたチームで行うこと，面接は録音・録画されることで，子どもが何回も同じ話を聞かれることのないように配慮されています。

考えてみよう

1. 「この子のためによかれと思って」の事例について，どのように考えますか。話し合ってみましょう。
2. あなたが，事例「乱暴なKくん」の保育者だったら，Kくんの行動をどのように理解し，さらにKくんへの保育や保護者への対応をどのようにしていきますか。
3. 事例「ある母親が家庭訪問に来た保健師に語ったこと」の母親は，予定より少し早く34週で出産し，赤ちゃんは出生時体重が2,196gと低体重であったことと，黄疸が強かったために1週間ほどNICUで治療を受けています。その間，保育器の中のわが子を眺めながら，母親は大変心配すると同時に，元気に生んであげられなかったと自分を責めたといいます。以上を参考に，母親の気持ちを考えてみましょう。

参考書

藤永　保・春日　喬・斎賀久敬・内田伸子（1987）．人間発達と初期環境―初期環境の貧困に基づく発達遅滞児の長期追跡研究　有斐閣

西本絹子・古屋喜美代・常田秀子（2018）．子どもの臨床発達心理学―未来への育ちにつなげる理論と支援―　萌文書林

Schaffer, H. R.（1998）．佐藤恵理子・無藤　隆（訳）（2001）．子どもの養育に心理学がいえること―発達と家族環境―　新曜社

引用文献

1　厚生労働省ホームページ　児童虐待の定義と現状　児童虐待の定義　https://www.mhlw.go.jp/stf/seisakunitsuite/bunya/kodomo/kodomo_kosodate/dv/about.html

2　厚生労働省（2023）．令和3年度福祉行政報告例の概況　https://www.mhlw.go.jp/toukei/saikin/hw/gyousei/21/dl/gaikyo.pdf

3　厚生労働省（2014）．子ども虐待対応の手引（平成25年8月改正版）　厚生労働省

4　藤永　保・春日　喬・斎賀久敬・内田伸子（1987）．人間発達と初期環境―初期環境の貧困に基づく発達遅滞児の長期追跡研究　有斐閣

5　友田明美（2017）．子どもの脳を傷つける親たち　NHK出版

6　西澤哲（2017）．子ども虐待と親の攻撃性　臨床精神医学，*46*，1127-1133.

7　緒方康介（2016）．虐待の被害児に対する加害親の過剰期待―保護者による社会生活能力の評定とこの知能検査結果との乖離―　犯罪心理学研究，*53*，17-27.

8　仲真紀子（編著）（2016）．子どもへの司法面接―考え方・進め方とトレーニング　有斐閣

4 子どもの精神保健とその課題

子どもは一人一人さまざまな個性をもっています。その中には，特別な配慮を要する子どももいます。この章では，子どもの心の健康を保つための保育者の対応や支援について考えていきます。

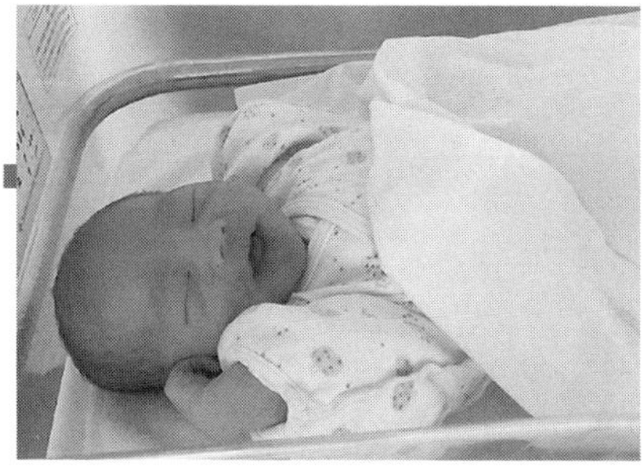

D1 子どもの生活・生育環境とその影響

ヒトの将来にわたる精神的健康を決定づける最も重要な時期は，乳幼児期といえます。一人一人の子どもが周囲の人からかけがえのない存在として受け止められ認められながら安心感をもって過ごし，自分の気持ちを安心して表すことができるように，生育環境を整えて，子どもの心の成長の基盤を作り上げていきましょう。

1．あたたかな人間関係の重要性

第1章第1節でも触れた愛着についての理論を提唱したボウルビィ（Bowlby, J.）は，児童精神科医として心を病んだ多くの子どもたちの治療に関わった人です。ボウルビィは，子どもたちの心の病の原因として，乳幼児期の**心的外傷**（ここでは，特定の母親的人物による世話や養育が十分に施されなかったこと）に注目しました。そして，乳幼児と母親または生涯にわたって母親的役割を果たす人物との人間関係が，親密で継続的で，しかも両者が満足と幸福感に満たされているような状態が精神衛生の根本である[1] と述べています。

ヒトの一生の中で，乳児期ほど大きな変化を示す時期はありません。生後1年間で体重は約3倍に，身長は約1.5倍にもなります。この乳児期は，その後の人生において，とても大切で重要な時期ですが，当の本人である乳児は自分の主張をまだ上手に表現できないのです。したがって，周囲の人々が気をつけて生育環境を整えてあげなければなりません。

ここでは，周りの人々や社会との関係の中でヒトがどのように発達していくかを考えた第1章第2節でもとりあげたエリクソンの理論を紹介しながら，乳児期と幼児期の好ましい生育環境を考えていくことにします。

(1) 乳 児 期

エリクソンは，自分の主張を周囲の人に上手に伝えることのできない，まだ言葉をもたない乳児は，自分の欲求が一つひとつ満たされることによってのみ，自分は価値ある存在であるという確信をもつようになっていくと考えました[2)]。もし周囲の人が乳児の欲求（おなかが空いている，おむつが汚れたので気持ちが悪い，等々）を見極めることができず，その欲求に対して適切に反応することができない場合や，欲求には応えているものの，その方法にあたたかさやよろこびが感じられない場合には，乳児は生まれ出てきたこの世界が基本的に信頼できるものであるという感覚を身につけられません。それだけではなく逆に，自分の欲求が満たされることに対する不確かさの感覚や，身体的・心理的慰みが得られない感覚によって，乳児にこの世界に対する**不信感**を芽生えさせてしまうかもしれません。これでは，乳児が好ましい生育環境にいるとは言い難いですが，周囲の大人が乳児の訴えにすぐに全面的に応答しなければ，乳児は人間不信になってしまうということではなく，もちろん不信を体験する必要もあります。しかし，信頼体験の方が多くなければならないとエリクソンは言っているのです。

乳児を育てているうちに多くの養育者は，次第に乳児が表出する欲求の多様性を察することができるようになり，乳児もまた，自分の欲求が満たされるであろうという期待を形成していくようになります。そして，乳児の欲求と養育者の反応とが対応するようになるにつれて，乳児は欲求の表出とその満足とのあいだに少し時間がかかることを学んでいくのです。乳児は，自分の欲求に養育者が正しく反応してくれるまでには，ある程度の時間がかかることを学ぶと，養育者が世話をしてくれるまで待てるようになります。養育者が世話をしてくれるまで待つことができるのは，乳児が自分の欲求は必ず満たされるとの確信をもって，養育者を基本的に信頼できるようになっている場合に限るという訳です。

(2) 幼児前期

生後2年目に入ると，子どもは動き回ることが可能になり，しだいに声を出すこともできるようになります。寝ている時以外は絶えず何かをやっているという状況になります。走ることができるようになった子どもは，走り回ることを熱心に試してみて，走ることのできる自分を発見して大きな喜びを感じるでしょう。おもちゃをテーブルの上から落とすことができるようになった子どもは，いろいろな物を落としてみて，その結果を楽しむでしょう。

いろいろなことができる自分を発見することに忙しいこの時期の子どもは，例えば，あの部屋では走ってもよいが，この部屋では走ってはいけないということや，ボールは落としてもよいが，お茶碗を落としてはいけないということをまだ理解できません。そのため，子どもの今走りたいという欲求を「ここで走ってはダメ！」と止められたり，今すぐにテーブルの上からお茶碗を落としたいという欲求を認めてもらえなかったりすると，すぐに欲求が満たされないことによって子どもに強い怒りが生じてしまいます。ほとんどの場合，この怒りは途中で気を紛らわせることができるようなものではないので，かんしゃくと呼ばれたりします。

しかし，子どもの今すぐやりたいことを周囲の大人たちが理解した上で，社会的なルールや大人の都合を繰り返し伝えていくならば，「今この部屋ではダメだけれども，後であの部屋でならよい！」，「お茶碗を落としてはいけないけれど，ボールなら落としても蹴ってもよい！」と大人たちが伝えようとしていることに次第に気づくようになります。少し後になれば自分の欲しいものが手に入り，最終的には自分の欲求がかなえられると知ることによって，子どもの本人にもどうにもならないような烈しい怒りは減少していきます。社会的なルールや大人の都合によって子どもの満足を遅らせてしまうことについて，子どもを納得させられるかどうかは，周囲の大人の子どもに対する対応のあり方にかかっていると言えるかもしれません。

満２歳の誕生日頃になると，さまざまなことができるようになったと自信を深めてきた子どもは，周囲の人々のやっていることを見て，それらすべてを自分でもやってみようと思うようになります。それらがどんなに難しいことであっても，自分の能力に対する自信が「誰かにできることは，自分の方が上手にできること」と思わせるのです。自分でやってみて成功した時には，さらに自信を深めながら，周囲の人々が毎日やっている**基本的生活習慣**，動作を身につけていきます。しかし時々，簡単に見えたので自分も同じように上手にできると思っていたことに失敗してしまう場合があります。そのような時には，自分の努力が失敗に終わるとは予想もしていなかったので，恥ずかしさや強い怒りを感じてしまいます。この時，子どもには自分で勝手にやるとうまくいかないなあと気づかせるようなことばかけが効果的です。

満３歳近くなると，自分でやりたいようにやるよりも自分一人でやることに関心が向くようになり，自分一人でやったことが上手くできるたびに子どもの自律感が育っていきます。**自律性**を促すものは，子どものエネルギーと頑固さといわれています。自分一人でできるようになるまで頑固にやり続ける子どもを見ている周囲の大人は，教え，諭し，失礼で自分勝手な振る舞いをぐっとこらえて，待ち，ほめることしかできません。言い換えると，子どもの自律性を促すものは子どものエネルギーと頑固さに加えて，周囲の大人の忍耐力といえます。

大人でも自分一人で何かをやってみようとしている姿を周囲の人に見られることは，少し恥ずかしいものですが，子どもによってはこの頃から何かをやろうとすることそれ自体を恥ずかしがっているように見える場合があります。まだ，上手に隠れてやってみるというようなことができないので，見られたくないことまで見られてしまい恥ずかしいと感じてしまうからではないでしょうか。いつも子どもの周りを透明のカーテンで囲んで守ってやらなければならない時期が終わりに近づいているのです。トイレのトレーニングを早く始めたいのに，「トイレには一人で行くから，近づかないで欲しい！」と言っているかのように頑として動かない子どもはかなりの数に上ります。

子どもがやろうとしたことに失敗したために，あるいは，大人が途中で何度も水をさしたり批判したりしたために，また，この両方がなされたために自己疑惑感（子どもが自分でやることに自信を失い，自分のすることは失敗するのではないかと思うこと）をもってしまうことは避けたいところです。**恥・疑惑**（恥ずかしさや自己疑惑感）を感じないよう自分を守るために，子どもが新しい活動から身を引いてしまったり，すでに決まっていることしかやらなくなったりする[3]からです。

(3) 幼児後期

身の回りのことを自分一人である程度やりたいようにできるようになった子どもは，できるようになったことを自信として今度は外の世界に注意を向けるようになります。エリクソンは，この外の世界（外的環境）を調べて確かめて回ることを**自主性**（積極性）と呼びました[3]。雲がいろいろな形をしているのはなぜ？爪はなぜ伸びるの？赤ちゃんはどこからきたの？男の子と女の子はなぜ違うの？など多くの質問を積極的に発するようになります。自分の回りの世界について，いろいろな質問をしているうちに，子どもはやがて質問することや行動することが許されないような領域があるのではないかと気づきます。子どもは，外的環境に向かう好奇心や冒険心にしたがって多くのことを理解しようとしてよいが，ある領域については話題にしてはいけない，質問してはいけないことを学ぶのです。子どもは，子どもが立ち入ってはいけない領域に近づくことに対して**罪悪感**を感じるわけですが，対応を間違うと，好奇心を示すことや何かに興味を示すことそれ自体に罪悪感を感じるようになってしまいます[3]。そうなると，外の世界への対処について自分で調べたり考えたりして決めるのではなく，周囲の大人に全面的に頼りきって言いなりになってしまうことになります。このような状態は子どもにとって望ましくありません。立ち入り禁止の領域については，子どもに負担をかけることなく社会的に受け入れられる形で好奇心を満たしていきたいものです。本や映像，または動物の観察などによって理解を進めることも必要です。

2. 生育環境の影響

(1) 親（養育者）の影響

親や周囲の大人とのあたたかな人間関係によって，子どもの心が健やかに育っていくことが望まれますが，この本でもいろいろ取り扱ってきたように，子どもの育っていく過程ではさまざまなことが起こります。子育て中の親に表 4-1-1 のような状況があると，親の**応答性**が十分発揮されず，親子関係が不安定になったり不調和を起こしたりするでしょう。

もし親子があたたかな人間関係を結びにくい原因はここにあると理解できて

表 4-1-1　親の応答性が十分発揮されない可能性がある状況（笠原・斎藤，2011）[4]

環境の状況	災害，事件，事故，戦争や弾圧など親自身に身の危険がある場合
社会的状況	離婚，未婚のうえでの出産・育児，再婚における家族の再構成
家庭・夫婦の状況	経済的困窮，顕著な多忙，生活や仕事上のストレス，DV など
親の身体的疾病	慢性疾患（膠原病や内分泌疾患など）産科合併症，急性疾患など
親の精神障害	うつ病，統合失調症の既往，再燃，発症
親の発達障害	精神遅滞，自閉症スペクトラム（高機能），ADHD
親の被虐待歴	精神症状を伴わない場合もある

注）DV：ドメスティック・バイオレンス，ADHD：注意欠陥多動障害

も，保育者など周囲の大人が関与できない場合もあります。そのような状況でも，子どもにとっての一日一日は，環境が整備されるまで待っていることなどできない，かけがえのない毎日であることを思って，子どもの気持ちに少しでも寄り添った保育を続けるように努力しなければなりません。

(2) レジリエンスと呼ばれる特性

生育環境の影響を考える時，例えば同じ災害に被災して同じような外傷体験があったとしても，**PTSD（心的外傷後ストレス障害）**になる人とならない人がいるように，生育環境に大きなリスクがあっても，強く影響を受ける子どもと影響をあまり感じさせずに問題なく成長発達していく子どもがいることにも注目する必要があります。

生育環境に大きなリスクがあるにもかかわらず，健全な成長を遂げた子どもたちが確かにいます。このような子どもたちの背後にある要因を探っていくと，日本語では復元力，精神的回復力と訳される，**レジリエンス**という言葉に行き当たります。レジリエンスが高い人とは，傷つかない人という意味ではなく打たれても回復する人のことで，逆境にもかかわらずではなく，逆境を通して[5]良好な発達や社会適応をする人のことです。レジリエンスが高い人の特徴として，社会とつながっているという感覚（連帯感）があること，変化に対する適応力があること，自己効力感が高いこと，楽観主義[6]などが挙げられています。いろいろな考え方がありますが，レジリエンスは個人のもって生まれた固定的特性であるとは考えずに，人間発達の過程で変化しうる特性であると考えるのが一般的です。

事例　親に養育を放棄された子どもたち

今から45年以上前，ある県の小さな町で，満6歳と満5歳の姉弟が放置されていたとして救出されました。彼らについては，一週間にわたって新聞報道もされました。救出時の二人は，身長80cm，体重約8kgと，満1歳児くらいの体型でした。移動はハイハイで，同年齢児には関心を示さず，大きな遅れは運動能力，言語能力，社会性全般に見られました。

しかし，救出されて人間関係に恵まれた乳児院に収容されると，爆発的成長が始まったのです。姉は収容後3日で，弟は7日で歩けるようになり，周囲の大人の前で得意げな顔をして歩いて見せるようになりました。わずか1か月で，身長は3cm，体重は3kg増えて，以後順調に成長し小柄な方ではあっても普通の体格に達しました。特に，担当保育者にすぐになついた姉は2か月で3～4語文を話すようになり，担当保育者との間に愛着関係が結ばれると，同年齢児に対してもいろいろな感情を表すようになりました。

誰とも心の交流がなかった姉弟には，姉と弟との間にも助け合うような様子は見られなかったのですが，自分の存在が周りの大人たちに受け入れられている，見守られているとわかるにつれて，認められたいとの思いも育っていきました。心の通い合う養育者の存在が，この二人の成長を支えたのです[7)]。

事例　戦争で親を亡くした子どもたち

戦争のために食べるものが自由に手に入らなかった時代に，ドイツでは戦争で親を亡くした多くの子どもたちが孤児院で過ごし，決まった給食以外は何も食べさせてもらえませんでした。

孤児院Aと孤児院Bも子どもたちの一日の配給食糧のカロリー数は同じでした。しかし，孤児院Aの子どもたちの体重増加率は，孤児院Bの子どもたちのそれよりもはるかによかったのです。なぜ同じ食事を与えられていたにもかかわらず，体重増加率に差が出たのかは，孤児院Aと孤児院Bの院長先生が交代したことによって明らかになりました。

孤児院Aの院長先生は子どもが好きなやさしい人でしたが，孤児院Bの院長先生は子どもたちにきびしい規則を課す人だったのです。指導者の子どもたちへの関わり方が，子どもたちの体重増加に影響を与えたことがわかりました。

私たちは，栄養豊富な食事さえ与えれば子どもたちは元気に成長するものと思い込んでいますが，ドイツのこの戦争孤児たちは，子どもの成長には温かい人間的環境が必要であることを教えてくれたのです[8)]。

これらの事例はたいへん古いものですが驚くべき事実です。この世界は自分をしっかり受け入れてくれていると感じていること，この世界は信頼できると思えていることが，子どもの成長にどれほど大切かを教えてくれます。子どもが健全に成長していくためには温かい人間的環境に恵まれていることが必要で，その環境が整っていない場合には，成長に必要なホルモンの分泌が止まることがあったり，ホルモンの効果が発揮されないことがあったりすることも教えてくれます。子どものそばに，子どもが一緒にいると安心できる大人，話を聞いてくれる大人がいることはたいへん重要であり，その大人は母親でなくてもよいことがわかります。

コラム　人との違いを隠す時代は終わった

NBA ドラフト会議で日本選手として初めて1巡目指名を受けて，アメリカのプロバスケットボール NBA のウィザーズに入団した八村塁選手は，子どもの頃周囲の子どもたちとの違いに気後れして「世の中から隠れようとしてしまったことがあった」そうです。しかし，今では「父から（恵まれた）体，母からコツコツとやる真面目さを受け継いだ」と受け止めています。

「人との違いを恥ずかしがる時代はもう終わった」と実感し，「僕を見てバスケットボールに取り組んでいるハーフの選手もたくさんいると思う。どんどん，いろんなことに挑戦して欲しい」と呼びかけています[9)]。

考えてみよう

1. 幼児に今，もう少し待てば，給食の時間になり，空腹によるイライラが解消されることを教えるために保育者として日頃からできることは何でしょうか。
2. 給食を片付ける時間が過ぎているのに，いつまでも自分でミカンの皮をむきたがっている子どもに，どんな関わりをするとよいでしょうか。
3. 「事例：戦争で親を亡くした子どもたち」に登場する，きびしい規則屋の院長先生は給食の時間に子どもたちに対してどのような言葉かけをしたでしょうか。いくつか考えてみてください。

参考書

藤永　保（1997）．「こころの時代」の不安―日常性の心理学へ　新曜社

藤永　保（2001）．ことばはどこで育つか　大修館書店

相良順子・村田カズ・大熊光穂・小泉左江子（2018）．保育の心理学〔第3版〕―子どもたちの輝く未来のために　ナカニシヤ出版

引用文献

1　Bowlby, J. (1951). 黒田実郎（訳）(1967). 乳幼児の精神衛生　岩崎学術出版社

2　Erikson, E. H. (1963). 仁科弥生（訳）(1977). 幼児期と社会1　みすず書房

3　Newman, B. M., & Newman, P. R. (1975). 福富　護・伊藤恭子（訳）(1980). 生涯発達心理学―エリクソンによる人間の一生とその可能性　川島書店

4　笠原麻里・齋藤万比古（編）(2011). 子どもの人格発達の障害　中山書店

5　庄司順一（2009）．リジリエンスについて　人間福祉学研究，*2*（1），35-47.

6　田　亮介・田辺　英・渡邊衡一郎（2008）．精神医学におけるレジリアンス概念の歴史　第104回日本精神神経学会総会　シンポジウム：脆弱性モデルからレジリアンスモデルへ　精神経誌，*110*（9），757-763.

7　藤永　保・春日　喬・斎賀久敬・内田伸子（1987）．人間発達と初期環境―初期環境の貧困に基づく発達遅滞児の長期追跡研究　有斐閣

8　ガードナー, L. I. / 小林　登（訳）(1987). 母親の愛情不足が発育不全をひき起こす　サイエンス編集部（編）　Light Science Books 4 赤ちゃんと母親の絆（pp. 53-62）　日経サイエンス社

9　毎日新聞（2019）．鈴木長官と対談「五輪日本引っ張る」 2019年8月6日

2 子どもの心の健康に関わる問題

子どもが心の健康を崩しているかなと思われる時に示すさまざまな行動は，周囲の大人にとっては気になるものです。1日も早く苦痛を取り除いてやらなければと思いがちですが，まず子どもはそれらの行動によって何を訴えようとしているのかを理解することが大切です。行動として発信してくれてよかったと考えて対応していくのです。

ここでは，ことばの問題，くせ，行動の問題について考えていきましょう。

1．ことばの問題

(1) 吃　音

吃音とはどもることで，どもり始める時期は2～5歳が多く，女子より男子に多く見られます。健診などではしばらく様子をみましょうと言われることが少なくありません。確かに3歳児**健診**などでは，吃音についての相談がかなりの数あり，少し増えたり減ったりしながら消えていくことは多いのです。しかし周りの大人たちの対応によって，吃音児に好ましい方向に環境を整えることは可能なので，次の4点[1] には気をつけたいと思います。

ア．発話への干渉は一切しない。

イ．どもった時に，指摘や嫌な顔をしたり，罰するような態度をとったりしない。

ウ．どもった場合でも，話し方への反応ではなく発話内容に反応する。

エ．子どもの意思表示や感情表出を受け入れ，認める。

事例　吃音が消えた？

２歳のお誕生日前には二語文を話し始めたＧ君が２歳半になったころ，お母さんの仕事がとても忙しくなりました。ちょうどその頃から，Ｇ君は話し始めの音を繰り返すようになったのですが，両親は仕事の忙しさもあって，あまり気にしませんでした。

母方祖父母と同居中の家ではずっとしゃべり続けているＧ君について，保育園からのお便り帳には「担任としか話せない」と書いてあり，お母さんは保育園での様子が気になり始めました。３歳になると学年が変わり，保育園でのクラスも担任の先生も保育室も変わりました。初めの音が出にくくなったために，Ｇ君がかなりつらそうにしているので，お母さんは保健センターで吃音について相談をしようと思いながら，保育園への送り迎えを続けていました。

半月ほど経った頃，お母さんはＧ君が保育園で泣いている姿をしばしば見かけるようになりました。それまで保育園で泣いているＧ君を見たことがなかったので，お母さんはとても驚きました。不思議なことに，お母さんが「Ｇ君に何があったのかな？　どうして泣いているのかな？」と心配し始めた頃，Ｇ君の吃音は完全に消えてしまったのです。

この事例のＧ君がどもらなくなったのは，保育園で泣いて訴えられるようになったためでしょうか？　それとも，母親の関心が吃音に向かなくなったためでしょうか？　または，その他の理由によってでしょうか？　わからないのですが，子どもの自由な感情表出を受け入れて認めることは吃音児への向き合い方として大切です。

吃音児に好ましい環境はある程度わかっても，原因は解明されておらず，したがって解決策も確立されていません。原因を探し始めると親が自分を責めることにつながる場合も多いので，ゆったりとリラックスして粘り強く待つことも大切です。

（2）場面緘黙

特定の社会状況で一貫して話すことができない状況（他の状況では年齢相当に話せる）が，１か月以上持続する状態を**選択性緘黙《かんもく》**または**場面緘黙**といいます。発症年齢は４～８歳が多いですが，２～４歳という報告もあります。男子より女子に多く見られ，過保護なあるいは支配的な母親と無関心な父親といった家庭のこともあるといわれています。思春期になれば自然軽快するとして放置されてしまう危険性がありますが，長引いて社会性の発達に支障がでることもあるので，気をつけておきたい状態です[2)]。

事例　トイレの中では喋っていたＡちゃん

３歳児健診に来たＡちゃんは家ではたくさんおしゃべりするのに，外に出て他の人がいるとピタッと喋れなくなります。何でもよく理解しているし友だちと遊ぶことも大好きですが，表情は硬く，誰もＡちゃんの声を聞いたことがありません。ところがある時，Ａちゃんと母親がトイレの中でおしゃべりしているのを聞いてしまいました。「あ，本当にしゃべっている！」しかし，トイレから出てきたＡちゃんは他の人がいるの見て，びっくりして口を閉ざしてしまいました。母親には，常々ことばのことは意識させないように普通に接しましょうと助言していました。幼稚園入園が近づいたある日，名前を呼ぶとかすかな声で「ハイ」と言って，大きなため息をつきました。この日を境に少しずつ話をするようになりました。

(3) 発音の問題

「さかな⇒チャカナ」，「つくえ⇒チュクエ」のような話し方，カ行⇔タ行のような特定の行の誤りなど**発音の問題**の原因には，構音器官の構造上の問題，構音器官の運動機能の問題，聴覚の問題，環境要因などが考えられますが，基本的対応は次の４点です。

ア．発音についての修正や指摘をしたり言い直しをさせたりしない。

イ．発音についての友だちからの指摘の有無や，本人の反応に気をつけておく。

ウ．聞き取れない時に，わかったふりをするかしないかはケースバイケース。

エ．噛む・吹く・吸う・舌を動かす遊びなどを楽しめるよう工夫する。

発音以外に問題がない時は，年中くらいまで様子をみてもよい場合が多いようです。

2. く　せ

(1) 指しゃぶり

一般に疲労，困惑，欲求不満，恐れ，不安，興奮，手持ち無沙汰などを緩和するためや自分を落ち着かせるために，指しゃぶりをやっているとみられる場合には，発達的な意味もあると考えられており，見守るだけでよいとされています。しかし，癖として固定してしまい，指にタコができて変形してしまったり，不正歯列になってしまったりした場合には，注意が必要です[3]。

事例　ぼくはもう赤ちゃんじゃない（3 歳児のプライド）

親指を口に入れてチュパチュパする姿がかわいい B くんですが，3 歳になりました。母親から何とか指しゃぶりをやめさせたいと相談がありました。

保育園でも遊んでいる時はしないのですが，することがない時や眠い時にはいつも指をしゃぶっています。園には赤ちゃんがたくさんいるので，「B くん赤ちゃんみたい」と言われると恥ずかしいのか手を隠す様子が見られました。

そこで，B くんとお話して，「B くん何歳？」「3 歳！」「3 歳のお兄さんかっこいいね！　かっこいいお兄さんは指しゃぶっていいかな？」「ダメ」「じゃ，おしゃぶりしてたら注意していい？」「うん」

その後，指しゃぶりをしている時には「B くん？」と顔を見るだけで，「あっ」と言って手を隠す B くん，そのうち視線を向けるだけでもやめるようになり，「すごいね，B くん」と褒められて…指しゃぶりはしなくなりました。

指に絆創膏を貼るという方法もよくとられているようです。絆創膏によってあっと気がついてもらうという方法です。実際に自分は絆創膏でやめることができたという人もいます。

(2) 性器いじり

性器いじりは，性器に刺激を与えて身体的快感を得る行為のことです。多くの場合，偶然に性器に接触したり，好奇心から性器に触れたりしたことによってもたらされた快感を求めて習慣化したものです。過剰に反応したり無理にやめさせたりせずに，外で体を動かして遊ぶ機会を増やしてみるのも効果的といわれています[3]。

事例　大好きなプールに入りたいなら，やめる？

午睡の前になると机の角などに股をこすりつけて大汗をかいているＣちゃん（5歳）。担任はどうやってやめさせようかと考え，「大切な場所が汚れて，病気になるといけないからやめようね！」と話しますが，一向に効き目はありません。そこでプールの大好きなＣちゃんに最も効果がありそうな手を使ってみました。プール担当の先生から「今週のプール楽しみだねえ。でもそんなことをしている子はプールに入れないなあ，残念！」と話してもらいました。「エッ，イヤー，入る」「じゃしない？」「うん」「頑張れる？」「うん！」

(3) チック

自分の意図とは関係なく，突発的に体が素早く動いたり声が出たりすることを**チック**と呼びます。体が素早く動くことのうち，瞬き，首をひねる，肩をすくめる，目玉を回す，横目で見る，手足をぴくつかせるなどの単一の動きを**単純性運動チック**といい，物の臭いをかぐ，物をなめる，ジャンプをする，しゃがみこむ，前進・後退を繰り返して歩く，人の行動の真似をするなどの複雑な行為を示す場合を**複雑性運動チック**と呼びます。音が出るチックは，せき払い，鼻を鳴らす，ぶつぶつ言う，奇声を発する，汚い言葉が口をついて出てしまう，自分で言った言葉や相手の言葉を繰り返す（反響言語）などいろいろあり，**音声チック**といいます。

発症年齢は６～７歳が多く，男子と女子とでは男子に比較的多く，脳の発達段階で神経回路がうまく機能しないために起こるのではないかと考えられている神経疾患の１つです。

症状が全身に広がって長引く場合もあり，運動チックと音声チックの両方が同時に現れたり，次々現れたりと１年以上続く重症なチックを**トゥレット症候群**と呼びます。トゥレット症候群は，症状が良くなったり悪くなったりを繰り返す傾向があります。チックには，動くことや音を出すことに対しての周囲の理解が大切[4]で，理解がないと本人や保護者は周囲の目が気になり，苦痛を感じたり過度に不安になったりしてしまいます。

８歳の頃トゥレット症候群を発症したドイツ在住の日本人ピアニストYUSK（ゆうすけ）は，音楽を通じてこの病気への理解を広げたいと演奏活動を続けていますが，ピアノを弾いている時には症状が奇跡的に消失するそうです。症状があっても，病気をコントロールしていこうと前向きな気持ちで社会適応している人が多いのです。

3. 行動の問題

(1) 攻撃性の高い子

事例　反抗挑戦性障害が疑われるＨ君

Ｈ君（4歳児クラスの5歳1か月）は，友だちが遊んでいるおもちゃを奪ったり，「やめて，やめて」と言っている友だちを追いかけまわしたり，またリアクションの大きい子を選んでその子の怖がっている物を顔に近づけたり名札のピンを刺そうとしたりします。そのため，いつも保育者に叱られていますが，叱られるとイラッとした表情を見せます。

衝動性が高く，保育室から勝手に飛び出してしまうことも度々です。

次のような3領域の行動面での症状が，過去6か月以内に少なくとも2回起きた場合に**反抗挑戦性障害**と診断されることがあります。1つ目は怒りっぽく/易怒的な気分，2つ目は口論好き/挑発的行動，3つ目は執念深さです。反抗挑戦性障害ばかりではないですが，診断を受けたか否かが問題となるのではなく，診断を受けたことによって，例えばＨ君の毎日の園生活が周りの大人たちに，より共感的に理解されるようになるならば，診断を受けて良かった[5]ということになります。

Ｈ君のような子どもは，本人が周囲の大人からいつも叱られているので，どうせ何を言ってもやっても叱られるだけだと思ってしまいます。そのため自己評価がきわめて低下してしまい，本人のやる気がどのようなことに対しても発揮されなくなります。もちろん他の子どもたちと同じように，Ｈ君にもたくさんの長所があります。反抗挑戦性障害の診断によって，Ｈ君の自分も保護者も保育者も気づいていない長所を探し出して，その長所に注目した関わりが始まるならば，診断は有意義だったということになります。Ｈ君が自分の長所を満足した気分で伸ばしていくならば，Ｈ君には次第に健全な自己評価が育まれるだろうと考えられるからです。

(2) 落ち着きがない

保育園，幼稚園や小学校などで集団生活をしている子どもたちについての相談で最も頻繁にもち込まれるのは，注意欠如，多動性と衝動性の制御に関する問題だといわれています。「この子は注意欠如・多動症ではないでしょうか？」「注意欠如・多動症であるとしたら，どのように対応したらよいのでしょうか？」といった相談です。

注意欠如・多動症（ADHD）の診断は，不注意と多動性および衝動性との２つの問題のうち，１つあるいは２つの問題が子どもの社会的適応に悪影響を及ぼしている場合に下されます。不注意と多動性および衝動性の問題について，それぞれ以下の９つの症状のうち６つ（またはそれ以上）が少なくとも６か月持続したことがあり，それらの症状が単なる反抗的行動や敵意の表れではなく，課題や指示を理解できないわけでもない場合に診断が下されることになります。

○不注意の症状：a. しばしば綿密に注意することができない。または不注意な間違いをする。b. 課題または遊びの活動中に，注意を集中し続けることが難しい。c. 直接話しかけられた時に，しばしば聞いていないように見える。d. 課題を始めるが，やり遂げることができない。e. 課題や活動を順序立てて進めることが難しい。f. 努力の持続を必要とする課題を避ける，嫌う，またはいやいや行う。g. 課題や活動に必要なものをしばしばなくしてしまう。h. 外的な刺激によってすぐ気が散ってしまう。i. しばしば日々の活動で忘れっぽい。

○多動性および衝動性の症状：a. しばしば手足をそわそわ動かしたりトントン叩いたりする。または椅子の上でもじもじする。b. 席についていることが求められる場面でしばしば席を離れる。c.. 不適切な状況でしばしば走り回ったり高い所へ登ったりする。d. 静かに遊ぶことができない。e. しばしばじっとしていない，またはエンジンで動かされているように行動する。f. しばしばしゃべりすぎる。g. 質問が終わる前に答え始めてしまうなど会話で自分の番を待つことができない。h. しばしば自分の順番を待つことが困難である。i. しばしば他人を妨害し，邪魔する[6)]。

それぞれの注意欠如・多動症の子どもたちは，たくさんの異なる道すじをたどって，不注意とか多動性とか呼ばれる状態に行き着いているのです。例えば，感覚に過敏なために落ち着けない子どもがいます。新しい視覚刺激や聴覚刺激，触覚刺激を追い求めて，あちこちへ絶えず動き回っている子どももいます。また，感覚そのものへの反応が乏しいため，自分だけの想像の世界に入ってしまい，そのせいで不注意に見られる子どももいます[7)]。

このような子どもたちは，あえて反抗したり，秩序を破壊したり，物や人を傷つけようとしているわけではないにもかかわらず，周囲の大人たちを欲求不満にしてしまいます。そして，ひどい拒絶や侮辱を受けることになります。これらの子どもたちは，自分の行ったことの結果を予知できなかったと反省しますが，忘れて，またやってしまうのです。

(3) 理解に時間がかかる

理解がゆっくりかなと思う子どもと接する時には，次のようなことに気をつけると楽しくやり取りができるようになります。

○何かを伝える時には，言葉だけでなく，身振りや絵などを使う。

○質問するときには，答えやすい聞き方にする。例えば，Yes か No で答えられる質問にしたり，どちらかを選ぶ形の質問にしたりしてみる。

○遊びのルールや，遊び方がわからないために参加できないこともあるので，参加しやすいルールに変えてみる。

○あいまいな表現や言い方，断り方は伝わりづらいので，イヤなことやダメなことは「これはダメ（イヤ）なこと」とはっきり伝えるようにする。

○ゆったりとした気持ちで接し，理解しながら許すことも大切である[8)]。

次の３つの基準を３つとも満たしている場合，**知的能力障害**（知的発達障害）と診断されることがあります。１つ目は全般的知能（問題を解決すること，計画を立てること，判断すること，指導や経験から学習すること，筋道を立てて自分の意見を述べることなど）に明らかな遅れがある，２つ目は年齢や社会文化的背景が同等の仲間たちと比べて，日常の適応行動（その場や状況に合わせた行動をとること）をすることに明らかな難しさがある，３つ目は知的および適応の欠陥が発達期（だいたい 18 歳くらいまで）の間に発症していることです[6]。

２つ目に挙げた適応行動には，概念的な分野，社会的な分野，実用的な分野の３つがあり，少なくとも１つの分野で目立った遅れがある時，適応行動をとることに明らかな難しさがある状態としています。概念的な適応行動とは，例えば言葉を理解したり言葉で表現したりすること，読み書き，お金の役割や価値を理解することや，自分の健康や行動を管理することなどです。社会的な適応行動には，人との関係を築くこと，責任を果たすこと，人にごまかされたり操られたりしないことや，自分の身を守ることなどが入ります。実用的な適応行動とは，基本的生活習慣に必要な動作ができること，食事の準備や掃除，整理整頓ができること，公共交通機関や電話を使うことができることや，薬を決まり通りに飲めることなどです。

（4）読めない・書けない・計算ができない

アメリカの眼科医が，視力障害がないのに字を読めない子どもがいることに注目したことで発見された[9] **学習障害**（限局性学習症）と呼ばれる障害があり，一般的には LD と呼ばれることが多いです。

脳の成熟に伴って獲得される歩くことや話すこととは対照的に，明確に教えられて学ばなければならない学業的技能（読んでいるものの意味を理解すること，言語の音声に文字を当てはめること，算術計算をすること）を学ぶことに困難さをもつことが特徴です。この学習困難は，知的能力障害によらず，知的に才能があるとされた人にも起こりうるのです。学齢期の子どもの５～15%に見られ，女性より男性に多いといわれています。

読み・書き・算数は，子どもが学校に入った時，ほとんどの時間を費やす学習といっても過言ではないでしょう。それらができないことは，自己評価の低下につながり，これから長く続く学校生活全般にも支障をきたしかねません。がんばりを正当に評価してもらった経験，はじめつまずいてもできるようになった経験や得意だと思えることが一つでも多くつくれることが何よりも重要[10]になるので，効果的な学習支援の提供は不可欠となります。したがって，幼児期から気をつけておく必要があります。

(5) 極端に不器用

不器用，おっちょこちょい，運動音痴は，本人の努力不足であったり，保護者や教育者の指導力不足であったりと思い込んでいることも多いのですが，協調する脳機能の発達に問題がある場合があります。**発達性協調運動症**と呼ばれる障害です。

協調の問題のために本人が抱えてしまう困り感は，球技，縄跳び，鉄棒・体操などが苦手，リズム感がない，ダンスが苦手，筆圧が強すぎる，弱すぎる，ハサミ・コンパス・定規がうまく使えない，ボタンかけなど着衣や靴紐などを結ぶのが遅くて苦手，雑巾がうまく絞れない，自転車に乗れない，物や人によくぶつかることなどで表れます。保護者に乳幼児の頃の話を聞くと，ミルクの飲みが悪いかよくむせた，離乳食をあまり食べなかった，発達が少し遅いと思っていた，ハイハイが遅かった，立つのも歩くのも遅かった[11]など，気にしていたことがあった場合も多いようです。

年齢や知能から予想されるよりも明らかにうまくできないために，発達性協調運動症の子どもは，周囲の期待に応えられないことには手を出さないようになってしまいます。そのため練習する機会を失い，日常生活を送る上での困り感は，ますます大きくなっていきます。この障害があるかもしれないと気づいた時には，子どもの困り感を理解して，子どもが小さいうちに合理的配慮を含む適切な支援を始めなければなりません。子どもの不器用さの原因を正しく把握して働きかけていくことは，一つ一つの動作ができるようになるだけでなく，本人に自信をつけさせ社会生活をいきいきと過ごしてもらう支援にもなります。

(6) 人との関わり方がうまくいかない

次のような2つの状況が2つとも小さい時から見られ，それらによって日々の生活に支障をきたしている時に**自閉スペクトラム症**と診断されることがあります。1つ目は，社会的なコミュニケーションとやりとりがうまくいかず，それがずっと続き場面によって変化しないことです。例えば，人に異常に近づいたり，人と興味，情動または感情を共有することが少なかったり，人の顔の表情の理解や身振りの理解と使用ができにくかったり，仲間に対する興味が乏しかったり，幼児期にはごっこ遊びや見立て遊びが乏しかったりする場合です。そして２つ目は，動作，興味，活動などが限定的で反復的であることです。例えば，物を一列に並べたり回したりするなどの単調な行動の反復やオウム返しや独特な言い回しの独り言が多かったり，小さな変化や移行に対して極度に苦痛を感じたり，同じ道順をたどったり同じ食物を食べたりすることを強く要求したり，痛みや体温に無関心のように見える一方で，特定の光または動きを見ることに並外れた興味を示したりする場合です[6)]。

このような状況が小児期早期から見られるものの，問題が本格化する時期は本人がもって生まれたものと社会的状況によって遅いこともあり得るのですが，自閉スペクトラム症は人との関わり方がうまくいかない障害なので，対人的な接触を避けたり，人に関心がなかったり，人との関わりを嫌うタイプかと思われがちです。しかし，積極的に対人接触を図ろうとするタイプもあります。積極奇異タイプと呼ばれるタイプの人は，一見，**対人的交流**が上手そうに見えることがあり，誰にでも馴れ馴れしくあいさつをしたり言葉をかけたりします。しかし，交流のあり方が一方的で奇妙な感じなので，こう呼ばれるのです。コミュニケーションを楽しもうというより，自分が興味のあることだけを一方的に話したいために人に近寄って話しかけ，相手がその話題についてどのように思っているかには関心がないことが多いようです。

自閉スペクトラム症は，**早期発見**，**早期対応**が何よりも大切とされています。

コラム　『発達障害の僕が輝ける場所をみつけられた理由』

８歳の時に，ニューヨークで発達障害と診断された栗原類さんは，母親と主治医と一緒に『発達障害の僕が輝ける場所をみつけられた理由』という本[12)]を書いています。類さんの発達障害がどのような状況であるかについては，彼の主治医である高橋猛先生が下のような略図で示されています。

この本には，発達障害は脳のクセのようなもので，人によって障害内容は異なるけれども，早期に発見して環境を整え，正しく対処すれば，ある程度の訓練で変わることができると述べられています。できないことができるようになることは難しくても生きづらさは解消でき，他の人より時間がかかるかもしれないけれど少しずつできることが増えていくので，発達障害のある人や発達障害のある子どもにどのような才能があるのかを根気強く探して欲しいとの著者の願いが書かれています。何が向いているのか，何ができるのかを見つける努力を惜しまないことが大切ということです。

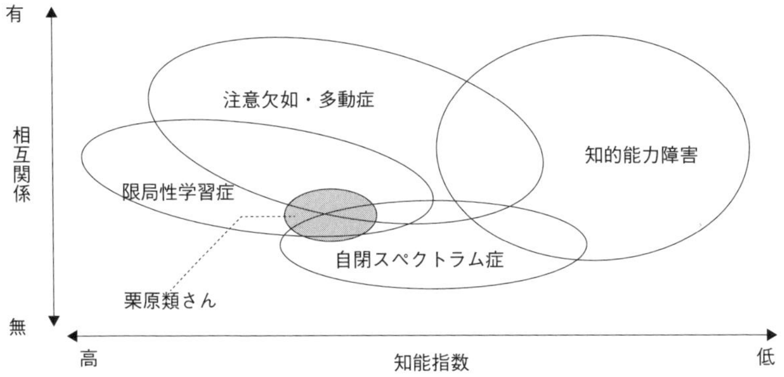

栗原類さんの位置は高橋先生が作図。

図　発達障害の相互関係（中田，2002[13]より改変）

考えてみよう

1. 発明王トーマス・エジソンや，難解な相対性理論を確立したアルベルト・アインシュタインには発達障害があったといわれていますが，この人たちの伝記や小さい頃のエピソードなどを読んで，その特徴をまとめてみましょう。
2. 選択性緘黙への対応は，慣れた人と慣れた場所で話すことから，慣れた人と別の場所で話す⇒慣れた人と慣れていない人数人で一緒に話すようにしていくと効果的といわれています。どのような場面を用意すればよいか考えてみましょう。

参考書

Carroll, A., & Robertson, M. M. (2000). NPO法人日本トゥレット協会（監修）　高木

道人（訳）（2007）．トゥレット症候群の子どもの理解とケア—教師と親のためのガイド　明石書店
鴨下賢一（編著）（2013）．苦手が「できる」にかわる！—発達が気になる子への生活動作の教え方　中央法規出版
日本精神神経学会（監修）髙橋三郎・大野裕（監訳）（2014）．DSM-5 精神疾患の診断・統計マニュアル　医学書院

引用文献

1　都筑澄夫（2007）．吃音　宇野　彰（編）　ことばとこころの発達と障害（pp.222-231）　永井書店
2　渡部京太（2009）．選択性緘黙　齊藤万比古（編）　不登校対応ガイドブック（pp.95-103）　中山書店
3　谷田貝公昭（監修）（2006）．保育用語辞典　一藝社
4　山田佐登留（2010）．チックとTourette症候群　市川宏伸・海老島宏（編）　臨床家が知っておきたい「子どもの精神科」（pp.191-194）　医学書院
5　Tobin, R. M., & House, A. E.（2016）．髙橋祥友（監訳）（2017）．学校関係者のためのDSM-5　医学書院
6　日本精神神経学会（監修）髙橋三郎・大野裕（監訳）（2014）．DSM-5 精神疾患の診断・統計マニュアル　医学書院
7　Greenspan, S. I., & Greenspan, J.（2009）．広瀬宏之（監訳）（2011）．ADHDの子どもを育む　創元社
8　原　仁（監修）（2007）．ふしぎだね！？知的障害のおともだち　ミネルヴァ書房
9　金澤　治（2011）．最新版 発達障害—LDとADHDがよくわかる本　主婦と生活社
10　梅津亜希子（2012）．LDの支援・指導　市川宏伸・内山登紀夫（編著）　発達障害—早めの気づきとその対応（pp.179-188）　中外医学社
11　中井昭夫（2014）．発達性協調運動障害の発見，診断のためのアセスメント　辻井正次（監修）　発達障害児者支援とアセスメントのガイドライン（pp.290-296）　金子書房
12　栗原　類（2016）．発達障害の僕が輝ける場所をみつけられた理由　KADOKAWA
13　中田洋二郎（2002）．子どもの障害をどう受容するか—家族支援と援助者の役割　大月書店

3 子どもの心を健康に保つための保育者の役割

特別な配慮（一時的配慮にしても，かなり長期にわたる配慮にしても）を必要とする子どものために，保育者にできることは何かについて考えてみましょう。

1. 保育者という環境

保育所保育指針[1] には，「第1章総則 2 養護に関する基本的事項」として，保育所で生活する子どもの情緒の安定を図るために保育士等が行う援助や関わりのねらいと内容が次のように細かくていねいに書かれています。

（ア）ねらい

①一人一人の子どもが，安定感をもって過ごせるようにする。

②一人一人の子どもが，自分の気持ちを安心して表すことができるようにする。

③一人一人の子どもが，周囲から主体として受け止められ，主体として育ち，自分を肯定する気持ちが育まれていくようにする。

④一人一人の子どもがくつろいで共に過ごし，心身の疲れが癒されるようにする。

（イ）内容

①一人一人の子どもの置かれている状態や発達過程などを的確に把握し，子どもの欲求を適切に満たしながら，応答的な触れ合いや言葉がけを行う。

②一人一人の子どもの気持ちを受容し，共感しながら，子どもとの継続的な信頼関係を築いていく。

③保育士等との信頼関係を基盤に，一人一人の子どもが主体的に活動し，自

発性や探索意欲などを高めるとともに，自分への自信をもつことができるよう成長過程を見守り，適切に働きかける。

④一人一人の子どもの生活のリズム，発達過程，保育時間などに応じて，活動内容のバランスや調和を図りながら，適切な食事や休息が取れるようにする。

また，「指定保育士養成施設の指定及び運営の基準[2]」には，保育士養成にあたっては「子どもの発達過程及び実態に即して，生活及び遊びに関する援助に必要な具体的な方法及び技術が習得されるよう，配慮すること」と記されています。保育者が目の前の一人の子どもにどのように対応するかについての具体的な援助や関わり方は，その場その場に応じて保育者自身で考え出せるようにしなければならないということです。これらの要求がどれだけ難しいものであるかは，子どもにほとんど接したことのない人にも容易に理解できると思われます。

保育者は，子どもたちができるかぎり自分一人で登園時の支度を完了するように，タオル掛けや棚を低くしておきます。子どもたちが何かにぶつかったり，何かを壊したりしないように，走り回れる場所を用意します。また，子どもたちが好きな時に静かに遊べる，一人になれる場所も作っておきます。こうして，子どもたちに自分の家庭以外にも保育所という安心できる場所があることを知ってもらいます。すると，子どもたちは保育所内でも自由に冒険や新しい試みを始めます。冒険や新しい試みは危険を伴う場合もありますが，保育所内に安全への配慮があれば，その危険を次には危険ではない状態にもっていくことができるでしょう。子どもがやりたいと思いついたことをどこまで許せるか，許せるところまでもっていけるかが保育者に必要な力といえます。

集団生活では，他の子どもとの同調を求めてしまうことが多くなりますが，一人一人違う子どもの得意なところを見つけて高く評価し，皆のために役立ってもらうことは，その子の自信につながります。集団生活の経験は，子どもの自律欲求が満たされているかぎり，協力すること，ともに喜ぶこと，友だちの欲求を考慮することの学びに直結します。保育者が，これらの点を理解しておくことはとても大切です。

子どもがダメなことをした時には，はっきりダメと伝え，その時の気持ちを

「○○で悔しかったのだね！」,「△△と言いたかったのだね！」とていねいに代弁しておくことも忘れてはいけません。

2. 保育者という仕事

多くの保育者から,「保育者の仕事は，やりがいがあるけれど，時間がいくらあっても足りないくらい忙しく，給料は他の職種と比べて低い」という話を聞きます。もうこれ以上働けないと辞めていく現実もあります。

一方で，やりがいのある仕事を長く続けられる職場にするために，保育者の負担を減らすさまざまな試みも進んでいます。帰宅する親子がキーホルダーをかざすと,「サヨウナラ，今日ハピラフヲ食ベタネ」などとあいさつをする体長70cmのクマ型ロボット[3]が導入された保育所があります。また，**園だより**や**保育日誌**，自治体への報告書作成などの保育所の業務を支援するシステムを開発した会社もあります。**乳幼児突然死症候群**の予兆がないか，昼寝中の園児のオムツにつけたセンサーがチェックするシステムは，保育者の**精神的負担**を軽くしているとのこと[3]です。

保育者に気持ちのゆとりができるよう，あえて子どもと接しなくてもよい時間を作る試み[4]も広がっています。このような時間は，家庭で毎日一人子育てをしている親にも必要で貴重な時間です。

また，保育者が専門性を高めながら誇りをもって働き続けられるように，保育補助者を導入する保育所もあります。退職したのでお金を稼ぐよりも社会貢献したいと考えているシニアや，父親として自分の子どもの育児をほとんど担当してこなかったというシニアと保育の仕事は結びつきやすいということです。子どもにとっても，元気いっぱいの若い先生と遊びたい日もあれば，落ち着いたシニアの先生に話を聞いて欲しい日もあるでしょう。

3. 子どもの心を健康に保つために

子どもを取り巻く環境の変化は，その子どもに大きな影響を及ぼします。

例えば母親の妊娠・出産に際して，母親にひどくまとわりついたり，赤ちゃんと一緒にいる母親から目をそらそうとしたり，反抗的な態度をとったり，自分一人でできることを大人にやってもらおうとしたりする子どもがいます。**赤ちゃん返り**と呼ばれるこれらの行動は，親の愛情が自分から移ってしまうことを恐れ，不安を感じて起こる**心理的葛藤**の表れ[5)]です。保育園や幼稚園への入園，進級，転園，卒園等の子どもへの影響はもちろんのこと，その他にも引っ越し，祖父母との同居，ペットの死，お稽古ごとを始めたこと，昨日友だちとけんかをしたこと等，大人が大きな変化とは思わないような変化に対しても子どもは，大きく影響されることがあります。

環境が変化したときの子どもの様子について，「まだ慣れていない」「いつ慣れるかしら」とみることがよくありますが，子どもが慣れるということは，新しい場に自分を合わせていくことではなく，その場がその子にとって安心して過ごせる場であると思えるようになり，自分の思いを表現し主体的に過ごせる生活の場となったことを意味します[6)]。子どもの心を健康に保つために，保育者は常に見逃してしまいそうなささいな行動に表れた子どもの思いを感じ取れるようであって欲しいものです。

この章の第1節（2）にある二つの事例は，子どもの成長には，この世界は自分をしっかり受け入れてくれていると感じていること，この世界は信頼できると思えていることが，どれほど大切かを教えてくれています。子どもの心を健康に保つためには，心の通い合う大人，子どものよりよい成長を願いながら世話をしてくれる大人，真剣に話を聞いてくれる大人が必要であることがわかります。そしてこれらの大人は，子どもの親だけではなく，保育者であり，親戚の人であり，近所の人でもよいのです。保育所に通う子どもたちにとって，保育者は誰よりも**心の通い合う大人**であって欲しいと思います。

事例　Nちゃんが友だちと遊ぶようになった！

Nちゃんが2歳1か月で保育所の1歳児クラスに入所した時には，保育者と目が合わず，話しかけても反応がありませんでした。無表情で保育室を移動しながら，目につくものを次々ひっくり返していました。食事場面では，好きな物だけ食べて，残りをテーブルになすりつけていました。保育所では，Nちゃんに気になる行動が多いため，Nちゃんの様子や気づいたことを記入する「Nちゃんノート」というノートを作り，所長の机の横に掛けました。このノートにはNちゃんのことなら，非常勤の職員も含めて誰でも記入することができ，また，職員なら誰でも読むことができました。

Nちゃんの母親は，Nちゃんが泣きだすと，どうしたらよいのかわからなくなること，Nちゃんの行動を見ているとイライラすることを担任に訴えていました。保育所は，Nちゃんの行動について自分の育て方が悪かったためかと心配している母親に，地域の「子ども発達センター」へ相談に行くことをすすめました。「子ども発達センター」では，Nちゃんの気になる行動は自閉スペクトラム症によるとの診断でした。Nちゃんの母親は，Nちゃんが2歳児クラスに進級して少しずつ言葉が増えて，保育者に話しかけたり笑ったりするようになったことに成長を感じて嬉しいと話してくれるようになりました。

3歳児クラスになって担任が変わっても，Nちゃんは発音が不明瞭ながらも自分の思いを担任に伝え，時には友だちを自分の遊びに誘うようにもなったのです。

この事例は，人と話すことを避けようとする母親が送迎時に唯一話しかけていた担任保育者に，母親とゆっくり話す時間をとることができるよう，保育所全体が配慮して母子両方によい結果をもたらしたものです。

送迎時のNちゃんの世話を担任ではない他の保育者が担当することで，Nちゃんの問題は，保育所全体で共有できるようになりました。そのためNちゃんは，保育所内ならどこでも，どの保育者へも話しかけながら安心して遊べるようになったのです。Nちゃんが，どこでどのように過ごしたかは毎日，「Nちゃんノート」に記入されましたから，もちろん担任保育者も知ることができました。翌朝，担任保育者は，前日のNちゃんが楽しんだことや上手にできたことを母親に伝えました。これは，母親が時々口にする「私はNが嫌い！」という言葉をできるだけ言わせないようにすることに役立ち，母親はNちゃんが友だちと遊んでいる姿を見て「かわいい」「嬉しい」等と言ってくれるようになったのです。

考えてみよう

1. 保育者がゆったりと安心して一人一人の子どもに集中できるようにするために，保育者は自分でどのようなことをすればよいか考えてみましょう。
2. 日本語で意思疎通ができない子どもの保育に関わる保育者の負担軽減のために，多言語対応の携帯型翻訳機[4] を導入する保育所がありますが，携帯型翻訳機とはどのようなものか調べてみましょう。

引用文献

1　厚生労働省（編）(2018)．保育所保育指針解説　フレーベル館

2　全国保育士養成協議会（2018)．指定保育士養成施設指定基準

3　日本経済新聞（2019)．保育士が足りない3　助っ人はロボット　2019年9月12日

4　日本経済新聞（2019)．保育士が足りない1　これ以上，働けない　2019年9月10日

5　加藤　敏ほか（編）(2011)．現代精神医学事典　弘文堂

6　榎田二三子（2019)．子どもを取り巻く環境の変化や移行　入江礼子・小原敏郎（編著）　子ども理解の理論及び方法（p.84）　萌文書林

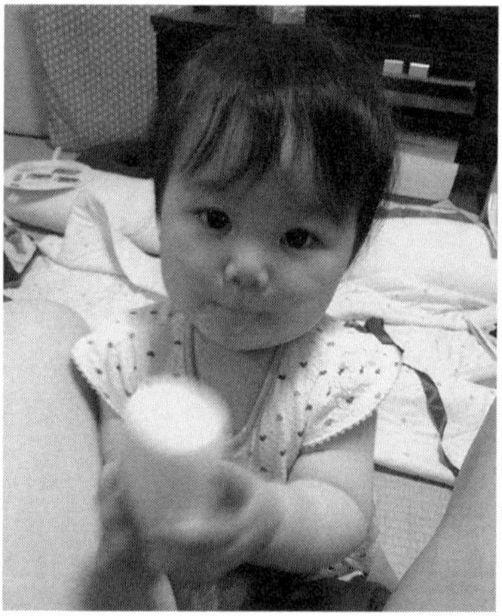

すっぱいよ

事項索引

人名索引

【執筆者紹介】（五十音順，*は編者）

大熊光穂（おおくま　みつほ）
聖徳大学非常勤講師
担当：第3章第3節，第3章第5節

小泉左江子（こいずみ　さえこ）*
東京純心大学現代文化学部教授
担当：第3章第1節，第3章第2節

齋藤　有（さいとう　ゆう）
聖徳大学教育学部准教授
担当：第1章第1節，第2章第1節

相良順子（さがら　じゅんこ）*
聖徳大学教育学部教授
担当：第1章第2節，第1章第3節

田中規子（たなか　のりこ）
女子栄養大学短期大学部非常勤講師
担当：第2章第2節，第3章第4節

村田カズ（むらた　かず）
聖徳大学大学院兼任講師
担当：第4章第1節，第4章第2節，第4章第3節

【編者紹介】

相良順子（さがら　じゅんこ）

聖徳大学教育学部教授

最終学歴：お茶の水女子大学大学院人間文化研究科修了（1999）

博士（人文科学）

主著：『子どもの性役割態度の形成と発達』（単著，風間書房，2002）

　　　『図で理解する発達』（共著，福村出版，2010）

　　　『保育の現場で役立つ心理学』（共著，アイ・ケイコーポレーション，2018）

小泉左江子（こいずみ　さえこ）

東京純心大学現代文化学部教授

最終学歴：お茶の水女子大学大学院人文科学研究科修了（1979）

主著：『障害児保育』（共著，萌文書林，2012）

　　　『保育の現場で役立つ心理学』（共著，アイ・ケイコーポレーション，2018）

　　　『新・基本保育シリーズ15　乳児保育Ⅰ・Ⅱ』（共著，中央法規，2019）

子ども家庭支援の心理学

2020年4月20日　初版第1刷発行　（定価はカヴァーに表示してあります）

2023年10月20日　初版第2刷発行

編　者　相良　順子

　　　　小泉左江子

発行者　中西　良

発行所　株式会社ナカニシヤ出版

〒606-8161　京都市左京区一乗寺木ノ本町15番地

Telephone　075-723-0111

Facsimile　075-723-0095

Website　http://www.nakanishiya.co.jp/

E-mail　iihon-ippai@nakanishiya.co.jp

郵便振替　01030-0-13128

装幀＝白沢　正／印刷・製本＝亜細亜印刷株式会社

ISBN978-4-7795-1475-3